とまどう男たち

Tomadou Otokotachi

生き方編

伊藤公雄・山中浩司 編

HANDAI Livre 054

大阪大学出版会

目次

はじめに――受難時代の男性の生と死

伊藤公雄

1

「男性不幸社会」?! 日本

日本政府が毎年出している「男女共同参画白書」二〇一四年版に興味深いデータが紹介されていた。男女の幸福度をめぐるものだ。従来、ほとんどの国で、女性の方が男性よりも幸福度は高かったといわれる。それが最近、男女の差が縮まって、国によっては男性の方が幸福度の高い社会も登場しつつあるのだという。ところが、日本だけは、ここ一〇年女性と男性の差がほとんど縮小していないのだ。二〇一〇年のデータでみると、「現在幸せである」という回答は、女性が三五％くらいなのに、男性は二八％しかない。国際的にみても、日本はまさに目立って「男はつらいよ」の社会なのだ。

なぜ、日本の男は「つらい」のだろうか。職業別にみると、男性のなかで幸福度が最も低いのは失業者、次いで非正規雇用者、さらに退職者となる（女性は、退職者が、学生に続いて幸福度の高い傾向をみせるのも興味深い)。やはり、男性にとっては「仕事」が自己存在の根拠になっていることがよくわかる。

　仕事の顔だけで、家庭の顔や地域の顔を失ってきた男性たちにとって、「仕事」や「肩書き」を失うことは、アンハッピーなのだろう。また、収入減で、「俺は家族の大黒柱」というプライドも傷つくのかもしれない。

　所帯の年収でみると、女性で幸福度が最も高いのは六〇〇万円以上の所帯収入のある人だ。逆に、男性は、最もハッピーなのは、所帯年収三〇〇万円から四五〇万円未満の層である。高い所帯年収のある男性はグンと下がり、年収一五〇万円未満の男性たちと幸福度にはあまり差がない。

　このデータをどう読むか。日本の男性雇用者の年収のピークは一九九七年である。このとき約五七〇万円あったサラリーマン男性の平均年収は、どんどん下がり、二〇一〇年頃には五〇〇万円を割っている。所得の削減のショックは、それまで年収の高かった中高年世代の方が、若い低所得の世代よりも重かったはずだ。以前は「俺の給料で食っているくせに」といばっていたお父さんたちも、所得の減少で鼻を折られたという可能性も高い。

　どうも、男性の意識と生活スタイルは、今や、本格的な曲がり角に来ているようだ。

いわば「剥奪感の男性化（masculinization of deprivation）」とでもいうべき事態が、日本の（もしかしたら世界中の）男性を襲っているのではないか。この用語は、「貧困の女性化（feminaization of poverty）」から思いついたものだ。開発途上国の経済発展は、その一方で貧困や格差を拡大させた。しかもその「しわよせ」が女性にのしかかっているという状況を示した言葉だ。この状況はまだ続いているし、日本の非正規女性の割合の増加などをみれば、日本社会でも生まれているともいえる。しかし、もうひとつの性である男性たちも、かつて維持していた経済力の喪失や、家庭や職場、地域社会で「何か奪われている」ような思いに、無自覚にとりつかれているのではないか。社会の変化、時代の変容に対応できないまま、いいようのない「不満」や「不安感」を多くの男性が抱き始めているように思われるのだ。

「男性学・男性性研究」の必要性

ここ二五年ほど「男性学・男性性研究」について考えたりしゃべったりしてきた。「女性学」については、何となく知っているという方も多いと思うが、「男性学・男性性研究」と聞いても、まだ耳慣れない方もいるだろうと思う。「女性学」は、女性に対する差別の目立つこの社会で、女性の視点から女性の人権の確立や社会参画の拡大を目指して発展した学問である。それなら「男性学・男性性研究」はどうだろう？「女性学」にならっていえば、男性の生き方を、男性の視点で見つめ直して、男性もまた、より「人間」らしい生活が送れるような社会を目指す学問とでも整理できるだろうと思う。男性不幸社会である日本は、どうも他の国以上に、この「男性学・男性性研究」が必要なのではないか。

残念ながら現代社会は、まだまだ性差別のきつい社会だ。しかも、この差別の多くは女性の側に重くのしかかってきた。国際社会が、この女性差別の問題に本格的に取り組むようになったのはそんなに前のことではない。だいたい一九七〇年前後のことだ。いわゆるジェンダー問題（社会的に作られた性別による差別や偏見をめぐる諸課題）の浮上である。それまでは、欧米社会も含めてたいていの国で女性の社会参加は抑えられ、性別による差別は横行していた。こうした性差別の撤廃の動きを、「女性学」は理論的にも、また、実践的にも支えてきた。

たとえば、男女平等が日本よりも進んでいると思われているフランスを例にとろう。一八世紀に「人権宣言（人間と市民の権利の宣言）」がはじめて出されたこの国で、既婚の女性が夫の許可なしに就業することが法律で認められるようになったのは、何と一九六五年。

ナポレオン法典以後、家父長制を法律で認めてきたこの社会で、男性が家長としての権利を法的かつ全面的に失うことになったのは一九八〇年代のことだ。

一九七〇年代から八〇年代、発展途上国も含めて男女平等は急速に拡大する。女性の社会参加の拡大も進むことになる。それにともなって、南欧（イタリア、スペイン、ギリシアなど、いまだ「仕事は男、女は家事」の南欧諸国はいまだに女性の労働参加が低い。それが経済不況の原因だという説もある）を除くヨーロッパ諸国では、男女ともに家族的責任（育児、介護など）と仕事が両立できる制度を一定程度成立させた。当然、一九七〇年代以後は、男性の家事・育児参加も広がってきた。

一九七〇年段階では、ＯＥＣＤ加盟国でフィンランドに次いで二番目に女性の労働力率の高かった日本（三位はスウェーデン）は、この流れに完全に取り残された（その理由については、これまでもいろいろなところで書いたりしゃべったりしてきたので、そちらを参照していただきたい。たとえば、伊藤、二〇一二）。二〇一五年に発表された世界経済フォーラムのグローバルジェンダーギャップ指数＝ＧＧＧＩ（男女平等度の世界ランキング）によれば、日本の男女平等度は、世界百四十五カ国中一〇一位。後に続くのは、宗教などで女性の社会参画を抑制しているイスラム教の国々が多い。

ところで、なぜ世界経済フォーラムが、男女平等度などを発表しているのだろう（二〇〇六年以後毎年発表してきた）。世界の経営者、経済学者、政治家が集まって議論するこのダボス会議（スイスのダボスで年次総会が開かれるため、こう呼ばれることもある）は、当然、性差別撤廃を目標とする人権団体ではない。世界経済の安定した成長を目指す、「経済」のための国際会議だ。この団体が、男女平等を議論している理由ははっきりしている。男女平等が進んでいる社会ほど経済が安定して成長しているのだ（一人当たりＧＤＰとＧＧＧＩはかなりはっきりと正の相関をみせている）。

一〇年前には、「女性の社会参加は家庭を崩壊させるから反対だ」と言っていた安倍現総理が、「女性の活躍」などと言い始めた背景には、こうした国際経済の「現実」がある（とはいえ、このアベノミクスは、いささか「成長」一本やりで、少子高齢社会を見すえた、人権と環境に配慮した成熟社会への方向性が見えないことに危惧を抱かされるが）。

「変化」が怖い男たち

一九七〇年を前後して、世界中の男女の関係は大きく変化した。特に、それまでの労働集約型の産業（工業社会）から、情報やサービスを軸にした社会への変化は、それまでの男性中心の産業の枠組みを大きく変えることになったのだ。

逆にいえば、この変化のなかで、男性たちには、これまでとは異なる意識や生活スタイルが求められるようになったということだ。ところが、(特に日本では)男性たちは、なかなか変わることができない。

とはいっても、男性たちは、「男はこうあるべきだ」という固定的な意識に縛られ続けている。(もちろん生物学的性差があるのは前提としてではあるが)「男らしさ」が、歴史や社会に応じて変化するものだという、いわゆるジェンダーという視点から自分たちの生活に目を向けることはほとんどない。というのも、皮肉なことに、現代日本社会が男性主導社会のままであり続けてきたからだ。女性たちは、この男性が主導する社会のなかで、女性であるというだけでさまざまなジェンダー問題に直面せざるを得ない。だから、この課題に対して女性は敏感だ。ところが男性たちは、基本的に社会のルールが男性主導で作られているために(つまりジェンダー問題にぶつかることが少ないがために)、ジェンダー問題に鈍感なのである。もちろん、そこには男性主導社会の「既得権」を守りたいという思いもどこかにはあるのだろう。

社会が男性主導であるということともかかわるのだが、男性がジェンダー問題に関心を払わないことの背景に、男性は女性と比べて「変化が怖い」のだと論ずる人もいる。変化を前にすると、男性たちは、しばしば身構え、ガードを固くし、防衛的になる。というのも変化を認めるということは、自分を変えることにつながるからだ。男性たちを縛っている「男らしさ」という鎧は、この「自分を変える」ことをなかなか許さない。というのも、「変える」ということが、「今（まで）の自分（のやり方）」の「負け」を認めることだと考えてしまうからなのかもしれない。

ところが、現代社会は、大きな変化の時代だ。情報化やサービス化の波は、いままでのようなワンパターンの「生産」様式を変え、何よりも多様化を要求するようになっている。グローバル化の波は、大きな変革を社会的にもまた生活レベルにおいても要請し始めている。ジェンダー問題もまた、今や国際的な課題だ。実際、女性の側は大きく意識を変え、社会参画の動きを強めている。だからこそ、変化に弱い男性にとって、現代社会は、二重三重に「危機」の時代なのだろう。

男性問題の時代

こうした男性性の危機のなかで、ここ数年、男性をめぐる問題について社会的な関心が広がりつつあるように感じる。実際、書店に行くと「停年」本から「熟年離婚問題」本、「主夫」本など、男性をターゲットにした本がひとつのブームにさえなっている。

こうした事態について、「男性学」者であるぼくは、かなり以前から注意を喚起してきた。もうずいぶん前のことだが、一九九〇年を前にして、「一九九〇年代は男性問題の時代になる」という予想をしたこともある。時代の変化のなかで、男性が自分たちのかかえる矛盾と直面する時代が始まるだろうと考えたのだ。

女性の意識変化や社会参加は、男性にさまざまな「変化」を社会にもたらしている。たとえば、教育問題ひとつとっても、大きな変化がすでに生まれている。女性の高学歴化はその一つの例だろう。一九九〇年代までは、経済の発展した諸国の多くは、大学進学率において男子が女子を上回っていた。ところが、一九九〇年代半ば以後、ほとんどの国で進学率において女子が男子を上回るようになったのだ。OECD加盟国の平均をみると、約一〇%女子が男子を上回っている。背景には、経済の発達した諸国の多くが、「生き残り」のために、高等教育を重視する政策をとり始めたことがある（発達途上国の経済成長のなかで、経済先進国が生き残るには、知識や技術の優位性以外にないという判断が、こうした動きを生んだのだ。しかし、日本は、この動きにきちんと対応してこなかった。結果的に、二五年前、ＯＥＣＤ諸国内で頭抜けて大学進学率の高かった日本は、今やＯＥＣＤ平均以下の「高等教育後進国」になっている）。

こうした高等教育の広がりと、女性の社会参画に向かっての意識の変革が重なって、急激に女性の大学進学率が上昇していく。（ヨーロッパでは、男子は、就職のため職業専門学校へ行くという流れも、こうした現象の背後にはあるだろう）。その結果、今や、ＯＥＣＤ加盟国中、男子が女子より大学進学率が高いのは二カ国のみになっている。トルコと日本である。もともと進学率が高くないトルコでは、男女の差はあってもわずかだ。日本だけが、一〇％も男子が女子を上回っているのだ（逆にみれば、成績優秀な女子が進学していない一方で、男子は成績が悪くても「大学くらいは」という社会意識がまだ根強いということだろう）。

経済の発達した諸国での男子の成績低下は、ＯＥＣＤのＰＩＳＡ調査でも明らかだ。成績がふるわない低学力層に男子が目立っているのである。付け加えれば、ＰＩＳＡ調査では、読解は平均して女子が男子を上回っているが、数学は多くの国で男子が平均は高い（ちなみに、日本でも数学は男子が平均的に優位。他方、読解力および科学的読解力は平均して女子が優位となっている）。ところが、ＧＧＧＩとＰＩＳＡの相関を調べたある研究者によると、男女平等が進むと、読解の女性優位は続く一方で数学の男女差が縮小し、アイスランドのような男女平等社会では、数学も女子が男子を上回っているという（伊藤他、二〇一二）。

ここ一〇年ほど、「日本でも男子の学力低下は起こっているはずだ。学力テスト等で、きちんと男女の学力を分析し、男子の学力低下に対応する準備をするべきだ」と言い続けているのだが、日本では、なかなか理解してもらえない。

実際、ちょっと目配りすれば、男子の学力低下は、多くの人が気がついていることのはずだ。一五年ほど前、企業の人事担当の人と話していて、「入社試験の成績でみると、七対三くらいで女子が男子を上回る。しかし、面接等で最終的には男子と女子の割合を七対三くらいで男子優位で採用する」という話を聞いたことがある。この割合は今でも同様のようだ。雑誌記事でも見たし、経営者から直接聞いてもいる。いろいろ理由はつけられているのだが、優秀な女性を捨てて、成績のふるわない男性を採用しているということだろう。

世紀末に急増した中高年男性の自殺

一九九〇年代半ば、中高年男性の自殺死亡率が上昇傾向にあることや、熟年離婚がこれから急増するだろうといった予想を、あちこちで書いたりしゃべったりしていた（拙著『〈男らしさ〉のゆくえ』『男性学入門』などをご参照ください）。不幸なことに、この予想が大当たりだったのはご承知の通りである。熟年離婚は、テレビドラマになって話題をさらったし、五〇代を軸にした自殺死亡率の急上昇は、社会現象として注目されるようになった。

男性たちを取り巻く危機の背景には、「男らしさ」の鎧とでもいっていいジェンダー（男性はこうあるべき、女性はこうあるべきという固定的な縛り）の問題が控えていると思う。男性たちは、「男というものは弱みを見せてはならない」「男は感情を表に出してはならない」「男は自分の問題は自分一人で解決できなければならない」という男性像を心の中に抱いている。もちろん、こうした「男らしさ」が、社会での活動にプラスに作用している側面もあるだろう。しかし、それが行き過ぎると、この縛りは男性自身に重く跳ね返ってくる。たとえば男性に多くみられるといわれる過労死だ。身体の調子が悪くても（「自分は男だから」と）弱音が吐けない。無理に無理を重ねて、結局、身体を壊し、ときには死に至る。先に述べた中高年男性の自殺の急増の背景にも、こうした「弱音が吐けない」「（家族にさえ）相談することができない」男性たちの身構えた生き方が反映しているのではないかと思われる。

仕事中心の生活に追われ家庭生活を放棄してきた男性たちは、老後においても、さまざまな問題に直面することになる。これも先にふれた熟年離婚や定年離婚はその代表例である。こうした熟年者の離婚のほとんどは、妻から言い出される（家庭裁判所の離婚調停の七割以上は女性からの申し立てである）。背景には、仕事に追われることで、妻や子どもと十分なコミュニケーションができない現代日本の男性の生活スタイルがあると考えられる。付け加えれば、定年離婚された男性の平均寿命は、日本の男性の平均寿命よりも約一〇年短くなることが統計的に明らかにされている。その理由として、衣食住などの日常生活のケアをほとんど妻に依存してきた男性たちは、離婚後、一人で生活を運営することができず、精神的にもダメージを受けやすいのだと考えられる。

最近、よくニュースになるのは、高齢男性の犯罪の増加だ。性犯罪だけみても、ここ一〇年で男性高齢者が加害者というケースが四倍増だという。また、全体的に減少しつつある日本の刑事犯の受刑者のなかで、六五歳以上の男性割合だけが上昇気味になっているともいわれる。なかでも、こうした受刑者のほぼ七割が再犯ともいわれる。高齢男性の生活苦や、身の回りにサポートしてくれる存在をもたないため、やむを得ずの「再犯」（刑務所ならそれなりの生活が送れる、ということだろう）も多いといわれている。

高齢男性の再犯率の高さとも関係すると思われるが、一人暮らし高齢男性の悩みのひとつは何と言っても「孤立感」だろう。二〇一三年の厚生労働省のデータによれば、一人暮らし高齢男性の一七％近くが、周囲の人とのコミュニケーションを二週間もたなかったといわれる。

求められる男性の生き方の転換

その意味で、今、男性に求められていることは、変化を怖れることなく、「勇気」をもって現代の変化の波を冷静に見つめ直し、自分自身を変革することなのだ。それこそ「男らしく」、古い「男らしさ」の鎧から脱皮することが問われているといってもいいだろう。

なかでも重要なのは、男性の生活の面での自立と精神的な自立なのだと思う。これまで、男性たちは、生活の面で女性に徹底して依存してきた。「男に料理ができるか」「洗濯物を干すなんて男には無理だ」「育児は女の仕事だ」と、生活面で「何もできない」ことを誇りにしている男性さえいる。これは見方を変えるときわめて「変」なことだ。というのも、自分が生活面で「無能」であることをいばっているのだから。

家事・育児・介護をめぐる作業は、たいていの男性には「できる」ことだ。そもそも料理や洗濯などは職業ということになれば、男性が担う場合も多い。「男には料理ができない」というなら、シェフといわれる人に女性が少ないことをどう説明するのだろう。

男性の女性への依存は生活面だけではない。男性は身近な女性に精神面でも「甘え」てきたと考えられるからだ。さきほど、定年離婚した男性の平均寿命が短くなるというデータにふれた。同じように、六〇代以上で妻に先立たれた男性の平均寿命が短くなることもデータ的に裏付けられている（読者の多くは、身近にそうしたケースを経験されていることだろう）。ここには、妻を失うことで生じた生活面での男性の困難があるのだろうと思う。しかし、それだけではない。精神的な面で妻に「甘え」てきた男性たちの問題もあるはずだ。女性たちに対して「いばりながら甘えてきた」男性であるほど、妻の不在（喪失）はダメージが大きいのだろうと思う。それは男性の寿命を変えてしまうほどの力を秘めているのだ。

男性とコミュニケーション能力

男性たちのコミュニケーション能力も実は問題だ。というのも、仕事面では巧みに交渉技術を発揮するのに、家庭では寡黙という男性もけっこう多いからだ。そして、この男性の家庭におけるコミュニケーション不足が、夫婦間、さらには家族間の絆を破壊している可能性も高い。

コミュニケーションのスタイルはジェンダー差があるといわれている。以前『話しを聞かない男、地図が読めない女』（二〇〇二年、主婦の友社）が日本でもベストセラーになった。この本は、男女の脳の違いでコミュニケーションギャップを説明していた。もちろん、脳の問題もあるのだろう。しかし、男女の社会的なトレーニングのされ方も大きな影響があると思う。

ときどき、男女のコミュニケーションについての講習会などで、男女でグループを作って特定のテーマで議論してもらうことがある。討論の後で感想を聞くと、男女でかなりはっきりとした差がでる。男性は「女性と議論すると話があっちこっちに行ってしまって、結論がすぐに出ないのでイライラする」といった答えが出る。ところが女性からは「男性と討論するとすぐに結論を求めたがって、きちんと話ができない」という苦情が出てくるのだ。

実際、ジェンダー研究によれば、男性のコミュニケーションはレポート（要件重視）型に、女性のそれはラポール（関係重視）型になりがちだといわれる。男性たちは、要件が伝わればそれでＯＫと考えがちだ。しかし、女性たちは、コミュニケーションを通じて、お互いの関係性を確認しようとする傾向が強いのだ。

もちろん、仕事の場では、基本的にレポート型が有効なのだろう（女性の社会参画のためにはこの面でのトレーニングが必要になるはずだ）。しかし、仕事以外の場、たとえば家庭や地域生活では、ラポール型のコミュニケーションが重要なのだ。ところが、男性はこれが苦手だ。

以前、司法関係者の集まりで講演をしたとき、この「レポート型／ラポール型」の話をした。講演会後の飲み会で、監察医の方が、こんなエピソードを話してくれた。「あなたの話の通りだ。監察医として変死体を何千と解剖してきた経験からいうと、一人暮らしの女性の高齢者の変死は三日以内に発見されることが多い。長期間発見されないのはみんな男だ」と。確かに、孤独死は一人暮らしの男性に目立つ。ここにも、要件抜きでは何もしゃべれない男性たちの悲劇がある。男性たちは、ラポール型という面でみると、実はコミュニケーション能力に欠けていることも多いのである。

さきほどふれた、高齢男性の「孤独感」の背景にも、多くの男性に共通している「気のおけない」会話能力の欠如という問題もあるのだろうと思う。

男性にとっての二一世紀

今後、少子高齢社会が深まるなかで、現役世代の急激な減少と高齢者の急増は、労働力不足とともに経済規模の縮小や社会保障の不安定さに結びつく可能性が高い。これを避けるためには、これまで男性中心で支えてきた日本社会を、男女両性の共同参画で支えるという選択しかない。その意味で、日本政府がやっと重い腰を上げ始めた男女共同参画社会形成は、確かに「二一世紀我が国社会の最重要課題」（男女共同参画社会基本法前文）なのだ。

ところが、この「最重要課題」を前に、まだぐずぐずと「女性の社会参加は家族の絆を破壊する」などと反対する声が聞こえる。そんな方には、現在の家族の絆の破壊状況を生み出したのは、何だったのか冷静に考えてほしい。その最大の原因は、女性の社会参加の拡大ではない（さきほどふれたように日本は、この面ではきわめて「遅れた」状況にある）。むしろ、一九七〇年代以後急激に拡大した男性の長時間労働と、その結果である男性の家庭生活や地域生活の放棄にこそあるのだろうと思う。

とはいっても、女性の社会参加が男女両性の長時間労働と家庭崩壊につながるのは問題だ。だから、男女共同参画社会形成には前提条件がある。男女の社会参画とともに、男女の家庭・地域生活の保障、つまり最近はやりの言葉でいえば、男女のワーク・ライフ・バランスが何よりも必要なのだ。

おわりに

男女共同の社会参画の政策がめざすワーク・ライフ・バランス社会の形成は、これまで仕事だけの人生のなかで、家庭や地域の生活を喪失してきた男性にとっても、悪い話ではない。男性の家庭生活・地域生活の回復は、家庭や地域の絆の再生にも効果的に作用することだろう。それは、女性の社会参画を支え、子どもの成長にもプラスに働くはずだ。

この意味で、この課題は、男性の課題でもあるのだ。それは、男性自身に、自らが気がついていない「男らしさ」の呪縛をときほぐす重要なチャンスでもあるはずだ。これまでの自分たちの生き方を見つめ直し、女性たちとの本音の議論のなかで、男性自身が（女性とともに）より生きやすい社会を形成していくことが、男性の側からも求められる時代が始まろうとしているのである。

第1章

「男」という病——男性の生物学

石蔵文信

Y染色体の命運

男性と女性を区別するのは外見でも、性格でもない。ごく小さな性染色体が男女を決定する。女性にはX染色体が二本（一対）、男性にはX染色体とY染色体が各一本あり、父からX染色体、母からX染色体をもらうと女児が生まれ、父からY染色体、母からX染色体をもらうと男児が生まれるというごくシンプルな関係である。しかし、この雌雄を決める性染色体、正確に言うとY染色体が存亡の危機を迎えつつある。女性は性染色体としてX染色体を一対もっているが、男性はX染色体とY染色体の片方しか持ち合わせていない。

人間の場合、性染色体以外の二二個の遺伝子は皆対になっている。これは片方の遺伝子に何か問題や障害が生じた時にもう一方で補う役目があるためで、長い年月がたっても退化していない。男性のY染色体の場合は対になっていないので、放射線に被ばくするなど障害がおこるたびに、修復ができずに少しずつ目減りをしていると言われている。太古の昔のY染色体はX染色体と同じ長さだったらしいが、今ではX染色体の半分以下である。ある学者の予想では約五〇〇万年後にはY染色体は消滅するのではないかと言われている。現在の研究ではX染色体には一〇九八個の遺伝子があるが、Y染色体には七八個しかない。すべての遺伝子が機能しているわけではないが、Y染色体はボロボロになっていることは間違いない。

「男性はそのうち滅びる」という説に待ったをかけたのが、二〇一二年に発表された米ホワイトヘッド研究所などのチームである。すべての生物がXYの染色体で雌雄が決まるわけではない。たとえば爬虫類などは孵化する時の温度で性別が決まり、これを温度依存性決定（temperature-dependent sex-determination）と呼んでいる。哺乳類では性を決定するのは性染色体であるが、特に男を作るにはY染色体のSRY（Sex-determining region Y）が重要な働きをしている。SRYが未分化な生殖腺を精巣に変化させ、そこで作られたアンドロゲン（男性ホルモン）が個体を雄にしていくのである。ヒトから二五〇〇万年前に分岐したアカゲザルのY染色体を解析して現在の人間と比較すると、Y染色体から消えた遺伝子は一つだけだそうで、オスを決める遺伝子を含む部分はかなり安定しているらしい。そのためにY染色体の遺伝子は滅びないだろうと推測している。さらに、もし、Y染色体が消えたとしても、別の因子が現れ雌雄を分ける可能性もあり、オスが滅びることは考えにくいという。かなり昔にY染色体は急速に遺伝子を失ったのは確かだが、もうそれは止まっているので安心だという説明だが、逆に言うと突然に遺伝子が崩壊する危険性もあるわけだ。今まで大丈夫だから、これからも大丈夫なんてことは二〇一一年の東北大震災後の福島原子力発電所事故を経験した我われにはまったく説得力がない。多くの学者が津波や震度は想定外と言って、今度は何十メートルの津波が来る可能性があると脅し始めたのを聞くにつれ、科学の限界を感じざるを得ない。未知の要素があり、現在の科学水準や知識では計りしれないことがあるので、正直に「わからない」と言ってくれた方が気は楽である。とにかくY染色体は当初よりかなり目減りをしているが最近ではその目減りがある程度止まっているのは確かなようである。

平成になって、男性の顔立ちは明らかに変化して昔の子どもと比べたら相対的に美しくなっている。草食系と呼ばれる闘争心のない男性が増え、精子は減少している。こんな現実を見ると、私はY染色体の劣化は本当に止まっているのだろうか？　と疑ってしまう。

男性ホルモンの大きな役割は睾丸などの男性生殖器を形成し発達させることである。母体にいる時にはY染色体のSRYの影響で妊娠六週目から二四週目にかけて大量のテストステロンが分泌（これをアンドロゲン・シャワーと呼ぶ）され、脳は女性的な特徴を失い、男性外生殖器の形成が促される。出産後は思春期に睾丸からの男性ホルモン分泌が増加し、男性的な身体の特徴が形作られる。これを二次性徴と呼んでいる。しかし、生殖に一番大切な精子の数が減っているどころか、その機能も衰えているという。一九九二年にコペンハーゲンの大学のニールス・スカケベック教授が、一九四〇年代の精子の数は一ミリリットルあたり一億個以上の精子細胞だったが、五〇年で一ミリリットルあたり平均約六千万個に減少したことを報告して一時大きな話題になった。さらに精子数が一ミリリットルあたり二千万個以下しかない若者が一五～二〇％もいるという報告もある。これらを精巣性発育不全症候群（Testicular Dysgenesis Syndrome）としてその原因が探られてきた。五〇年で精子が半減するという異常事態は遺伝的な原因だけでは考えにくく、環境因子の影響が強いと考えられている。化学的汚染物質（いわゆる環境ホルモン）から締めつけのきつい下着まで色々なものが、原因として考えられているが、母親の生活スタイルの影響が大きいのではないかとも考えられている。つまり妊娠六週目から二四週目にかけてのアンドロゲン・シャワーに何か問題が起きているのではないか、そしてこれが生殖能力の低い男性を生み出しているのではないかと推測されている。たとえば、一九七六年にイタリアで起きた工場事故で高レベルの有毒なダイオキシンにさらされた妊婦の産んだ男性の精子は少ないが、大人になってダイオキシンにさらされた男性ではそのような減少はなかった。また喫煙により精子は平均一五％ほど減るが、禁煙で元に戻る。しかし、妊娠中に喫煙していた母親の子どもは、喫煙により精子は四〇％も減るが、禁煙で元に戻らない傾向があるなどの報告がその根拠となっている。

精子の産生には胎児の生殖器で最初に作られるセルトリ細胞が大きくかかわっている。セルトリ細胞は精子細胞の支持、栄養供給に大切な役割があり、食物で言えばセルトリ細胞は幹で、精子細胞は実のようなもので、胎児のうちにセルトリ細胞がしっかり形成されないと、思春期以降の精子の数に大きな影響が出ると考えられている。それゆえに妊娠時の母親の生活スタイルが重要と言われている。しかし、その原因が今一つはっきりしない。男性ホルモンの作用を弱める、もしくは女性ホルモン様の物質が問題であると考えられているが、決定的な証拠は少ない。

生まれた時から精巣の機能が障害されている場合もあるが、私は後天的な影響として〝ストレス〟が重要ではないかと考えている。テストステロン（男性ホルモン）は主に精巣で合成、分泌されるが、その合成にはいわゆる視床下部―脳下垂体―性腺系（HPG axis）の働きが重要である。簡単に言うと精巣は精子やテストステロンを作る工場のようなもので、勝手に生産しているわけではない、工場長のような下垂体前葉が命令を出さないと生産が始まらない。その命令を伝達するホルモンが黄体形成ホルモンである。この命令が工場である精巣に届いて生産を増やしたり減らしたりするのである。さらにこの工場長である下垂体前葉も勝手に生産量を決めているわけはなく、本社である視床下部の命令で動いているのである。その命令を伝達するホルモンが性腺刺激ホルモン放出ホルモンである。つまり本社である視床下部が一番重要である（図1－1）。

図のように、本社である視床下部がストレスをうけると、HPG axis の機能障害が生じ、工場である精巣でのテストステロン合成が阻害される。現在、景気は衰えるなかで男性社会から急速に男女の機会均等社会に移行し、男性には働いて稼ぐだけではなく、家庭内では父親として育児・家事に参加しなくてはならなくなった。私の男性更年期外来にはスト

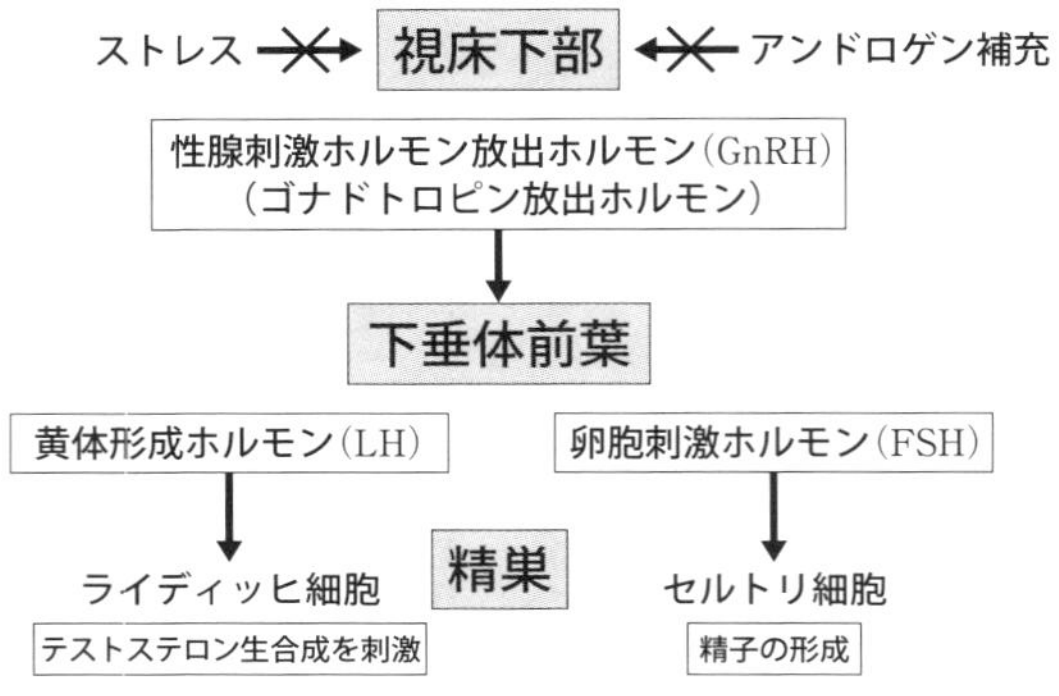

図1-1　男性ホルモンの分泌の機序

レスからうつ状態になって診察に訪れる患者さんが多い。治療前には男性ホルモンをチェックするが、かなり低い患者さんが多いのである。しかし、治療が進み、症状が改善すると共に男性ホルモンが改善する（高くなる）患者さんが多い。つまり、ストレスによって視床下部の機能が弱って、自律神経失調症状とうつ状態になり、睾丸でのテストステロンの生産が低下していたのが、治療によって視床下部の機能が回復し、自律神経がうまく働き、うつ状態から脱すると睾丸でのテストステロンの生産が回復したと考えられる。実際に性腺刺激ホルモン放出ホルモンを測ってみたらどれほど指令本部である視床下部が弱っているのかがわかるのであるが、その測定はかなり難しいので証明するのは困難である。色々な問題点はあるにしろ、テストステロンは男性の総合的な健康の物差しになるのではないかと私は考えている。

ともかく今は持ちこたえているようであるが遺伝的な要因としてのＹ染色体の劣化と環境因子としての精子の減少で男性は絶滅に向かっているという考え方はむげに否定するわけにはいかない。その兆候が二〇一二年のロンドンオリンピックで見られた。金メダルこそ少なかったとはいえ、総メダル数は三八個で過去最高となった。男子選手もそれなりに頑張ったのであるが、女子選手の活躍が目立ったオリンピックであった。柔道をはじめ世界中で男性競技者のすそ野が広がったので日本男性には年々厳しい戦いが強いられるので気の毒である。その点女性は有利であるが、勝敗を度外視しても、女子選手の表情は見事であった。特に柔道の松本薫選手を初めて見た時には驚いた。女性でこんなにも殺気を出せる人には御目にかかったことはない。テレビでも相当な気迫が伝わってきたのだから、対戦相手は恐れ戦いたに違いない。他の女性アスリートも強い気持ちを表情に出していた。しかし、一旦勝負から離れると笑顔が見られ、楽しんでいる雰囲気も伝わってきた。この切り替えが実に女性らしい。

一方、男性はメダルをとらなくてはいけないという責任感からか、一様に表情が硬く、それでいて闘争心が表情からは伝わってこない。試合後のインタビューも淡々として喜怒哀楽に乏しかったのが気にかかる。いよいよ恐れていたこと、Ｙ染色体の崩壊に拍車がかかり始めたのかもしれない。いわゆる肉食系女性は、男子の専売特許である戦闘系へとさらに進化し始めたのだろう。男性が絶滅しても、戦闘系女性と旧来の守備的女性がうまく連携を取って女系家族として人類は生き延びるに違いない。その間に男性はどのような進化？　または退化の道を歩むのか今の私には想像すらできない。

生物学的に女性より弱い証拠

テストステロンには男性の生殖器を発育させるという作用のほかに筋肉を増やす働きがある。男性が女性より筋肉質なのはテストステロンのためである。オリンピックの砲丸投げや重量挙げなどの筋力系の競技では度々ドーピングで失格になるが、その時使われる筋肉増強剤はテストステロンの類似ホルモンであることが多い。自前のテストステロンにさらにテストステロンを注射や服用で補うと筋肉がモリモリになる。またテストステロンは性欲や性衝動を強くするので、若いころに異性を追いまわすのは理にかなった行動である。さらにテストステロンは脳に影響し男性的な考え方、つまり攻撃性や気の短さ、怒りっぽさなどが自然と身に着くようになる。これらの性格は「がさつで細かい配慮に欠ける、短気で怒りっぽいが、明るく前向きでたくましい」という映画のヒーローの代表的性格と言える。つまり、テストステロンで形成される代表的な男性像をドラマに登場させると、ひと昔前の男性は喜んで自分を投影させたのである。ブルース・リーの映画を見ると、「アチャー」と叫んで訳もなく足を振り回したり、高倉健さんの映画で渋い男に憧れたりと誠に単純である。このような男の前向き性格はひと昔前までは女性に受け入れられていたかもしれないが、今となっては迷惑千万な性格だろう。ではなぜ男性は筋肉をふやし、攻撃性を高めるテストステロンを授かったのだろうか?

それは男性が女性のために餌をとるようになったからではないかと私は推測している。

元来オスは遺伝子を運ぶことが目的に作られたと言われている。生物の進化の最初はメスであり、その後にご都合主義で作られたのがオスらしい。色々な生物のメスは単純に自分の子孫（娘）を単為生殖（交尾をしない生殖）で生んでいた。単為生殖ではオスの力を借りずに、好きな時に子孫を残せるために求愛の儀式やその後の共同生活などのややこしい課程を省略できて、大変効率が良い。しかし、単為生殖では親と娘の遺伝子がまったく同じ、すなわちクローンなので、優秀な遺伝子を取り込むことができなくなり、環境の変化に対応できなくなる。天変地異が起きると種の絶滅につながる危険がある。環境の変化などに生き残るために、他のメスの遺伝子をもらって、新たに優秀で多様化した種を作るためにオスが必要となる。オスは母親から遺伝子をもらって、別の母親の娘と交尾することで、新たな遺伝子を獲得した子ができる。その時々の環境変化に強い種が生き残ってきたと言われている。つまり、オスはメスの遺伝子を運ぶ役割のために作られたようなものだ。実際、現在でもある種の蜘蛛やミジンコでは、条件の良い時は雌が単為生殖により雌のみをどんどん生むので、その個体数を非常に素早く増やすことができる。しかし、餌がなくなる冬場や乾期になると、単為生殖をやめて、雄を作り出し（この時のオスはXとY染色体をもつのではなく、X染色体一つのみであることが多いのでXOと表現される）、受精をして卵を産む。卵にすると、環境の変化に強いので、環境が良くなるまで孵化をしなければ、親世代が死滅しても子孫は残すことができる。また、ミツバチやアリでは女王がひたすら卵を産むが、その時に必要に応じて、有性生殖と単為生殖を行い、雄雌の調整をしている。この時も多くの働きバチやアリはメスであり、オスは生殖のために作られる。ミツバチでは女王蜂と交尾をおこなった雄はその場で死に耐え、交尾に失敗したオスは巣から追い出されて、哀れな死に方をするらしい。

多くの動物の雄は自分の遺伝子を残すためにメスをめぐって争い、時には命もかけて戦う。また、クモやカマキリなどは命をかけてメスと交尾を行おうとする。これはオスの宿命である。しかしオスは遺伝子を残すために戦いはするものの、生活一般を支えるのは主にメスの役割で、オスはぐうたらと生きている。この傾向は哺乳類でよく見られる。ライオンがよい例である。強いオスは数匹のメスをしたがえたハーレムを形成するが、もっぱら餌をとるのはメスの仕事だ。しかし、いざという時にはオスが出張って頑張る。オスは居候の用心棒のような存在である。つまり、多くのメスに色目を使い、その後はぐうたらと言うのは生物であるオスの性と考えてもよいのではないだろうか？　男性の役割が生殖以外に増えてきたのが、現在の男中心の社会を形成したと言われている。今まで、生殖以外に取り柄のなかったオスをメスが利用し始めたのが男中心社会のきっかけではないかと福岡伸一氏は指摘している。元来サボりのオスだが、体力があるので、いままでメスが行っていた色々な労働を任せるようになったのではないか？　特に農耕前は狩猟の時代である。まさに餌をとってこないと一族の存亡にかかわる。しかし、相手も猛獣である。武器も知恵もない時に物を言うのは筋力と勇気である。そのために我われ男性は神からテストステロンという素晴らしい贈り物を授かったのだが、よく考えるとそれはメスのためであり、メスの策略かもしれないのだ。メスは機嫌よくオスに仕事をしてもらうために、オスに色気を使ったりして、色々と頼むのがうまくなったのだろう。メスに頼まれるといやとは言えないオスが渋々やっていた仕事が、次第に社会性を帯びるようになり、いつしか社会の中心部分でオスが働くようになったので、メスの権利がかなり制限されてきたという説もある。女性が「はっ」と気づいた時には時すでに遅く、社会システムの大半を元来生殖のためだけに生きてきたオスに握られてしまったのだ。しかし、社会のシステムを握ったと思っているオスも、戦争で死に、経済活動で過労になるまで働かされ、本当にそれがオスにとって得なことかどうか疑問な状態になっている。本来のオスは生殖のために戦い、子孫を残すためだけに作られているので、複雑な社会システムで長年正常に機能することには向いていないのではないだろうか？　つまり、有史以来、オスはかなり無理なことをさせられてきたのである。それがそろそろ破たんを迎えようとしているのが現代かもしれない。

女性ホルモン（エストロゲンなど）は女性の体の色々な場所で作用して、女性の体を守ることはさまざまな研究で明らかになっている。そのために、女性ホルモンが急速に少なくなってくる更年期に体のあちこちらに支障が出てくるのは理解できるし、古くから更年期障害と呼ばれている。しかし、男性に特徴的なテストステロンには女性ホルモンほど強力に体を守る作用は知られていない。一部の研究ではテストステロンが体に良いと報告されているが、それを裏付けるデータがまだ十分ない。また、テストステロンは女性のように五〇才以降に急激に減少することはない。中年以降はゆっくり減少するので、女性のような症状は少ないと言われている。最近話題になっている男性更年期障害に関しては男性ホルモンの影響よりも社会的なストレスが大きいのではないかと私は考えている。テストステロンは太く短く生きるように男性を設計しているので、男性は長い人生を乗り切るのが不得意だろう。我われのストレス研究でも、女性ホルモンは強いストレスから心臓を守る作用があるのに、男性ホルモンはそのような保護的な作用はないのである。つまり、テストステロンで筋肉隆々で勇気が出ても、さまざまなストレスには案外弱いのである。色々な研究を見ても女性ホルモンのない男性は腕力や体力は勝るにしても、どう考えても女性より生物学的に強いとは思えない。

戦争のない社会の男性の役割

筋力と勇気が出るテストステロンを与えられた男性の使命は「戦い」である。昔から男性は戦い続けてきた。食料にするために猛獣と格闘し、農地を確保するために他の部族・民族と争い、産業革命以後は消費地の奪い合いで第二次世界大戦まで綿々と戦い続けてきた。その後、ベトナム・アフガンや湾岸戦争など局地的な紛争はあっても、世界的な大戦は幸いにも勃発せず六〇年以上平和を維持するという有史以来きわめてまれな状況が作り出された。思い起こせば一九一四年六月、オーストリア＝ハンガリー帝国の皇位継承者フランツ・フェルディナント大公夫妻が銃撃されるというサラエボ事件を契機に第一次世界大戦が勃発、ヴェルサイユ体制の不満から一九三九年九月にドイツ軍がポーランドへ侵攻して始まった第二次世界大戦と二度の大戦で欧州は焦土と化した。度重なる戦争の反省から欧州では一九七〇年代に欧州連合が発足し、長年平和を維持してきた。最近のギリシャ危機やスペイン危機はもし欧州連合がなければ再び戦争に発展しているのではないかと思わせる深刻な事態であるが、欧州各国の協議で何とか乗り切っている。そこで活躍しているのが女性のドイツのメルケル首相である。男性は戦いたがる習性があるのでもし男性首脳ばかりが集まっていたらとんでもない話になっていたかもしれない。第二次世界大戦後は男女機会均等・共同参画のキャンペーンで世界的には多くの女性リーダーが活躍している。その点では日本は後進国である。好戦的な男性リーダーが減り、女性リーダーが増えたことが長期間の平和維持につながっているのではないだろうか？

その点、アメリカ合衆国は男性的な国家である。世界の警察を自負するアメリカはアフガンや中東で戦争を続けている。自由と民主主義を守るため、独裁国家の打倒などの大義名分はあるにせよ、軍需産業だけでなく米国経済の活性化という側面があると言われている。さらにうがった見方をすれば、仕事が少なくなった軍隊にも気を使ったのかもしれない。あれほど男女同権をうたっている米国の男たちは我が国の男性よりより〝男らしさ〟を求められるので辛いだろう。つまり、過激な言い方をすれば戦争こそが男性を活性化させる、唯一手っ取り早い方法だったかもしれない。腕力、体力に勝る男性は肉体的な戦いでは有意性を保てるのであるが、産業が発達し、さまざまな部門でＩＴ化が進むと、経済的な戦い方も変化し、男性のメリットが活かせなくなってきている。戦後の日本経済の発達は世界中からエコノミックアニマルと揶揄され、家庭を顧みないで働く猛烈サラリーマンは職場という「戦地」で戦う「企業戦士」と呼ばれた。ここではまだ男性が本当の戦争に代わって職場という戦いの場が与えられていたので、ある意味幸せだったのかもしれない。当時はまだ女性の社会進出が進んでいなかった。家庭を顧みずに仕事を優先させる夫に代わって家庭を支え、育児はもっぱら母親に押し付けたので、職場に男性の敵はほとんどいなかったのである。さらに仕事と言えば、もっぱら夕方からの飲み会や休日のゴルフでの良き人間関係を作ることであったのでさほどの能力は必要ではなく、むしろ体力と気力の勝負である。たとえ優秀な女性でも敵わなかったのではないだろうか?

さて、この関係が劇的に変化したのがＩＴ化と経済不況である。ＩＴ化により人件費はより削減でき、一度に多くの人々とコミュニケーションができるようになった。生産地（農業なら作物、工業なら製品）の生産物を卸で引き受け、それを小売りにさばき、消費者に届けるという従来からのビジネス形態は次第に姿を消し、生産者から直接消費者に物が届く時代になった。ネゴシエーションを得意技としていた中間の業者で働いていた男性は、職を失い活躍の場をなくしつつある。さらに経済不況で接待は縮小、禁止。男性社会であった土建ビジネスも公共投資の激減で倒産が相次いだ。さて、腕力が必要なくなれば、知力（頭脳）の戦いとなる。残念なことに、教育の男女機会均等のために総じて女性の学力は男性を上回っている。頭脳で勝負する仕事は女性にはかなわない。特にＩＴ化が進んだ社会では人間関係を重視しなくても立派に仕事はできる。どんどん肉体派の男性の仕事がなくなり、活躍する場を失ってきているのである。男女共同参画で活動している私から見ても、現在の男性は生きにくいと思う。

厄介なことに、女性と違って男性は自分の人生観や生活を修正するのがうまくない。これもテストステロンのためかどうかわからないが、一般に男性は目標を設定されるとそれに向かって頑張ることができる。受験では一流校を目指し、会社では管理職から取締役、そしてトップを目指すためにはどんなことをしても頑張る特性がある。そんな男性の特性を生かしたのが戦後日本の驚異的な経済成長であった。しかし、下り坂になった時や目標を失った時には柔軟性のない男性型思考では乗り切ることができない。女性ホルモンが周期的に変動し、排卵や月経を経験している女性は変化に慣れている。しかも結婚や出産という節目では必ず多くの女性は生活を変える必要に迫られる。一見不利に思える女性の月経や結婚・出産は女性が柔軟性を獲得するのに役立っているともいえる。女性の場合は大きな目標を持たなくても生きていけるのではないだろうか？

こんな体質は日常の買い物でも垣間見られる。たとえば夫は靴を、妻は食器を買いたいと夫婦そろってデパートに行くとする。まず、夫の靴を買えば、その後夫は妻の買い物に付き合うものの、たいていはゆっくり品定めする妻にいら立ち、「さっさと決めたらどうだ」などといらないことを言うものだからひんしゅくを買う。やっと妻の買い物が終わって帰れると思った夫に妻が「少し寝具を見たい」と言うと、「そんなこと言ってなかったじゃないか！」と怒り出す。女性は特に目的がなくてもショッピングを楽しむことができるが、逆に男性は目的がないと買い物には行かないのである。こんなことから中高年の夫婦のすれ違いが始まり、定年後の夫は「濡れ落ち葉」とか「ワシも族」とか呼ばれて妻から疎んぜられる。定年後の男性の趣味を聞いてみると「ゴルフ・将棋・囲碁・ゲートボール」などのいわゆる勝負系が多い。さらに釣りや写真、コレクターなどと続くが、これらの趣味にも戦いの要素はある。上昇志向の男性は、定年後に地域社会に受け入れられにくく孤立化する。そんな柔軟性がない男性は会社倒産や定年後に目標（戦場）を失ってうつ病となり、自殺に至るケースが増えている。女性にうつ病が多いのに、自殺は男性に多いのはこのような路線転換がうまくいかないからだろう。最近では従来型の退職前後の中高年男性に加えて、三〇才前後の若者の自殺が増えてきている。就職難で希望の会社に入社できない、入社できても人間関係で苦しむなどの原因が大きいようだ。面子やプライドにこだわるあまり、名も知らない中小企業で働くのを嫌がる。もう少し柔軟に対応すればなんとかなる場合も、意地を張って失敗するというような男性的特徴は若者にも見られる。

今後ますます、肉体的、戦闘的な仕事が減っていく中、男性の自殺問題は深刻化していくのではないだろうか？　むしろ、テストステロンが少なくなり、草食化した男性が増えてきているのは男性が新たな生き方を模索している兆候かもしれない。一概に男性はだらしなくなったと嘆くより、自己改革に励んで新たな男性が登場するのを拍手で出迎えた方がよさそうである。

妻に発症する昼食うつと夫源病

さて、一次産業で働く男性が圧倒的に多かった戦前から、高度成長期には三次産業、特にサラリーマンが急激に増え、団塊の世代を形成した。男性は目標が設定されるとそれに向かって一目散に頑張ろうとする。女性を専業主婦にして、家庭内のことを全て任せて仕事に邁進出来たので、日本は急速な経済発展を遂げたのである。サラリーマンのつらいところは農業や漁業などの一次産業や自営業と違って、定年制度があることだ。日本経済を引っ張ってきた団塊の世代が数年前からリタイアし始めている。日本を発展させてきた団塊の世代は一転してお荷物になりつつある。サラリーマンに比べて農業や漁業に従事している男性はきわめて元気だ。八〇歳でもまだ現役という人は少なくない。私の診療にやってくる自営業の男性も六〇歳前後でうつ状態になって引退を考えるが、治療がうまくいくと、死ぬまで働くと鼻息が荒い。仕事という目標がある男性は元気である。一方、会社の制度で無理やり引退させられたサラリーマンの大半は気の毒な人生を送ることになる。目標を失い、家に引きこもると妻から疎んじられ、粗大ごみや産業廃棄物と揶揄される。

この原因はさまざまだろうが、私は高齢化と家電製品の発達が原因だと考えている。一九六〇年の男性の寿命は約六五歳で幸か不幸か定年後しばらくすれば天に召されていたのである。平均寿命が七〇歳を超えたのは一九七一年である。それから約四〇年、今や平均寿命が八〇歳を超えてきた。定年が六〇歳から六五歳に延びつつあるも、ほんの数十年で男性は定年後の長い時間を過ごす必要が出てきたのである。一方、多くの女性は仕事を持っていても、専業主婦でももっぱら家事を担当し、それが女性の負担になっていた。六〇歳以降も女性は「家事に定年なし」で負担になるものの、ある種のやりがいで元気に過ごせるのであろう。昔の家事、掃除・洗濯・料理はいずれも手間がかかり、家事だけで一日中追いまくられていた。しかし、掃除はルンバのような自走式掃除機が、洗濯は全自動洗濯機が、そして料理はレトルトや宅配が主流となり、家事労働の時間はぐんと少なくなった。夫の定年前は「亭主元気で留守がよい」と家電製品の発達で時間に余裕のできた主婦は、スポーツや習い事、友人との買い物や会食を楽しむことができるようになった。

その生活が、夫の定年で一変する。朝から、夫は家にいて朝食後に、新聞やコーヒーと呼びつける。一一時過ぎると「昼飯は何だ？」とプレッシャーをかける。昼食がやっと片付き、外出しようとすると、夫が「どこに行くんだ？」「何時に帰ってくる？」「今日の夕飯は何だ？」と妻をがんじがらめにするものだから妻は次第にうつ状態になる。「昼食を考えるだけでも気持ちが落ち込む」というのが俗にいう「昼食うつ」である。このような生活が長く続くと、妻に頭痛・耳鳴り・動悸などの更年期症状が現れる。どこの病院で診察を受けても「原因不明」の場合は「夫の存在」が疑われる。私はこのように、夫の何気ない言動がストレスとなって妻の体調が悪くなることを二〇一一年に「夫源病」と名付けて出版した（『夫源病――こんな私に誰がした』大阪大学出版会）。「夫源病」は大きな反響を呼び、今や一般名称化しつつある。男性からはひんしゅくをかった命名も、女性からは圧倒的な支持を得ている。それほど、女性にとっては男性の存在、特に定年後の男性の存在が大きなストレスになっているようである。

日本人の寿命が延びたのは結構なことであるが、医療費や年金が膨れ上がり、社会問題となっている他にも、各家庭の夫婦間の大きなトラブル原因にもなりつつある。サラリーマンが多い団塊の世代の男性がどのように残った余生を過ごすかは、小さな目で見れば妻の健康、大きな目で見れば日本の経済に影響を及ぼす大問題である。元来から、仕事以外に大した趣味のない男性に、定年後は趣味を持って人生豊かに過ごしましょうといってもそんなに簡単に、一生楽しめる趣味など見つからない。ゴルフが趣味というサラリーマンも多いだろうが、それは仕事の延長に過ぎない趣味であり、定年後も長く楽しめる保証はない。定年後の男性の喪失感は、名刺と肩書きを失うことである。「宮仕え」はつらいと言っても、ある組織に所属すること、その組織でトップを争い、ライバルに差をつけることを生きがいにしてきた男性にとって所属する組織がないというのはきわめて辛いことだろう。そして、自分のアイデンティティの象徴であった、名刺もなくしてしまえば、どのように世間にかかわってよいのかわからなくなってしまう。

地域の寄り合いで、自己紹介がうまくできないので「元○○商事の元部長です」と言ったところで誰も尊敬などしてくれない。次第に地域との縁が薄れて、引きこもり状態となる。団塊世代のサラリーマンは会社を中心に生活をしてきた。これを会社の縁・社縁という。昔の会社は面倒見がよく、定年後も関連会社で寿命近くまで働けていたのだが、景気の悪い現在では、定年とともに会社の縁は完全に途切れてしまう。転勤族なら自分の生まれ育った土地ですら知り合いが少なく地域でどのように過ごせばよいかわからなくなる。その点、農林水産業に従事したり、自営業の男性は地元との縁（地縁）がしっかりあるので、ある程度の年まで働けるし、たとえ引退しても地域の縁は保たれるので安心である。現代のサラリーマンにとって「社縁」から「地縁」へうまく乗り換えることができないのが大きな問題である。つまり、家庭にも地域にも居場所のない男性が増えてきているのである。これが男性の高齢化の大きな問題だと私は考える。年金は少ないとはいえ、何とか仕事をしなくても食べていけるので、あえてつらい仕事を探そうとしない。次第に家に引きこもるようになると、体調が悪くなって病院通いが増えて、高齢者の医療費が増加する要因にもなる。定年後の男性が社会的活動を再開するだけで、日本の社会保障費はかなり削減されるのではないだろうか？

定年後男性の生き方

男性は目標を失うと生きにくいものである。他者と優越を競って、頑張るという生物的な使命を与えられたオスに定年後ののんびりした生活は居心地が悪いだろう。しかも、愛情がすっかり冷めきった妻と一日中同じ屋根の下で過ごすと、夫婦とも体調が悪くなっても不思議ではない。まずは妻を自由にさせてあげることだ。そのためには男性も家事を積極的にする必要がある。家事には掃除・洗濯・料理などがあるが、妻の立場では、老後の掃除・洗濯はそれほど大変ではなく、数日ほっておいてもどうということはない。しかし、毎日三度三度の食事の支度は束縛されるとともにメニューを考えるだけでも憂鬱になるという。特にサラリーマン家庭であると、現役時代に昼ごはんを食べるのは土日曜と祝日位のものである。それも朝と昼の兼用のブランチで済ますことができた。夫が定年になると朝ごはんの後片付け中に、お茶やコーヒーと呼び付ける。一二時にランチをとる長年の癖が抜けきらず、一一時には「おーい、昼ごはんはなんだ?」と呼びかけ、一一時半には食卓に座るものだから、妻もゆっくりしている暇はない。毎日カレーやラーメンで文句を言わなかったらまだましであるが、手抜きをするとぶつぶつ言う。昼食を作ることによって自由に出かけることができないストレスからおこる「昼食うつ」を予防するためにも、夫は積極的に昼食づくりをした方がよいだろう。定年後にうつ状態になる男性にとっても、昼食づくりのように毎日やることがある方が健康的に過ごせるはずだ。

男性の昼食づくりは夫婦ともにメリットのある、現実的な方法である。私も平成一八年度より定年後男性を中心とした料理教室を開催してきた。開催当時は定員の半分も集まればよい方であったが、最近では募集後すぐに定員に達する講座が増えてきた。妻から言われて渋々参加する人もおられるが、自分からなんとかしなくてはとの思いで参加する人も増えてきた。私の料理教室の特徴は、男性の「目的を達成する」という習性に沿って、最初から最後まで自分一人で料理をすることである。もちろん野菜を洗う事から始めて、簡単な手順で最後まで自分でやることで、完全に習得して翌日から家でも実践できるというものだ。多くの受講者の話を聞くと、四人一組で四品作っても、全体像がわからずに家で同じものが作れなかったとか、熟練者が指示をして洗いものばかりやっていたとかの不満が多かった。女性は四人でおしゃべりをしながら料理をする方が楽しいだろうと思っているが、男性にとっては目的を達成するためには不必要なおしゃべりは必要ない。だから、男性が黙々と料理をしている私の料理教室はいたって静かである。急ぐ必要もないのに、できるだけ早く仕上げようとしている人も多い。まさに、男性的な発想である。物静かで、淡々と料理をするから楽しくないのかと思っていると、アンケートで「とっても充実していた」とか「楽しかった」とかの意見が多く、やはり男性に向いた料理教室の必要性を実感する。

さて、この料理教室は吹田市や大阪市で徐々に浸透し、いまでは茨木市、東大阪市、枚方市などでも開催されて、どんどん拡散中である。料理教室が広がるのは良いことであるが、私一人で各地で料理教室を行うには限界がある。そこで、一度料理教室に参加していただいた、中高年男性をリクルートして、ボランティアで指導してもらう作戦に出た。今や吹田市では「シニアリーダーさん」、大阪市では「塾男」などと称して、地元だけでなく依頼がある自治体に出かけてもらっている。自主的なクラブも立ち上がっている。そのために私は二〇一四年に講談社から『男のええ加減料理』を出版し、これをもとに料理教室を展開してもらっている。このように定年後男性の社会活動につなげていく上で料理教室はきわめて実践的な方法であろう。社会活動だけでなく、定年後の夫婦関係を改善する可能性も高い。まずは、自分の食べるものは自分で作る事から始めて、家事一般ができるようにすればよいだろう。

さて、男性が家事に参加しようと意気込んでも、実際にやってみると妻からダメ出しを食らう事が少なくない。これを最近では「家事ハラスメント、略して家事ハラ」と呼ぶようだ。最近の調査では家事を手伝うと言う男性は七割前後であるが、妻から家事ハラを受けている夫も五割くらいいるようだ。妻は手が荒れるので水仕事を嫌がる。風呂の掃除、食器の後片付け、洗濯などはよく男性が行う家事であるが、そこにも家事ハラの芽はある。食器の洗い方がなっていない、たたみ方が違う、洗剤の使い方や衣服の分別が悪いなど妻からの嫌がらせのような指摘で折角頑張ろうと思っている夫の心が折れる。男性は良かれと思ってやっているが、自分勝手にやるので、妻がやり直すと二度手間になるから、やってもらわないほうがよいということになる。家事にもコミュニケーションが必要で、台所・洗濯

NHK 朝ドラ
そう、えらいわね
洗濯物干してきたちゃんとしわも伸ばしたよ

場は妻の仕事場である。会社でも上司の命令や支店の流儀を踏襲するのと同様に、妻が上司と思い、妻のやり方を十分に理解して家事をすれば「家事ハラ」を受けることはなくなるだろう。妻にも夫のやる気をそがないためには「褒めて育てましょうね」と諭している。すべてはコミュニケーションが基本と心得た方がよいだろう。

定年後の仲間意識と社会参加

料理をすることで少しでも社会に参加できる機会が増えるのはよいことであるが、それだけではまだ不十分である。サラリーマンの定年は仕事を失うとともに、名刺や肩書を失うことでもある。「○○商事の部長の△△です」と言っていればコミュニケーションが成立していたが、定年後には所属や身分を失うので、話し出す切っ掛けがない。近所の方に「元○○商事の元部長の△△です」といってもあまり相手にしてくれない。会社の縁、「社縁」が切れた後をどう過ごすのかは、大きなテーマである。趣味やスポーツをしよう、友人を作ろうと言っても定年後急にそんなことができるはずはない。組織に所属していない寂しさは、定年後初めて知るのである。我われも当初は組織を離れた後の生きがい作りを目指していたが、どうも男性の習性には合わないようだ。目的をもってそれに邁進する、組織の中で頑張るという習性に「悠々自適の老後」は似合わない。そのために、定年後男性を吸収する組織づくりが急務であるが、どのような会に出向いても男性の参加率は一〇〜二〇%位である。男性は自治会などの組織の会長にはなりたがるが、下働きをするのは概ね女性である。そんな男性を社会活動に呼び戻すためには、「高い目標と使命感」が必要である。

二〇一一年三月一一日に発生した東北大震災とそれに伴う福島原発事故で自然災害への対応の仕方や電力自給・節電の必要性など国民の意識は大きく変化した。さらに自然災害や少子高齢化によるコミュニティの崩壊など多くの問題が山積していることに着目し、我われは日本原始力発電所協会（http://eco-powerplant.com/）を設立した。電力自給の機運が高まり、太陽光や風力などの自然エネルギーに着目されているがコストなどの問題で普及が遅れている。さらに、急速な少子高齢化で高齢者人口が増加し医療費の増加が懸念されるなどの問題の解決や地域の商店街や民家に空き家が増加し、地域住民の結束が希薄になって起こる孤独死などの解決に「原始力発電＝自転車発電」が有効ではないかと考えている。

特に高齢男性が社会から孤立する傾向にあり、アルコール依存の増加など、その健康維持が大きな問題となっている。ダイエット、うつ病、エネルギー、地域など一見別々のテーマに思える課題を安価・簡便に解決する可能性がある自転車発電の普及活動を行っている。日本原始力発電所協会は一種のボランティア組織で、参加された方は当然無給で活動していただくことになるが、メリットは発電という使命感と組織に所属しているという意識である。また、各地で我われの称する「原始力発電所」が開設された場合は、発電量などを競い合うなど、男性の本能・習性に沿った運営などが期待できる。高齢化社会がこれから日本のお荷物になるとの予想であるが、我われは高齢者、特に定年後男性も「資源」であるという考え方で、再度社会活動を開始する事でうまく超高齢化社会を乗り切る事ができるかもしれないと考えている。

原子力発電所での光景

エッセー　僻目のベビーブーマー論1

「団塊」と呼ばれる世代

橋本　満

ベビーブーマー・「団塊」と呼ばれる世代

一九九六年、河合隼雄『中年クライシス』(朝日文芸文庫)はベストセラーになった。二〇〇八年の流行語大賞には「アラフォー」が入っている。河合隼雄は、人生の半ばを越えて下りに入る人生観を描いた。主役は、戦後に大量に生まれたベビーブーマーである。五〇歳に突入しようとしていた。一〇年後、「アラフォー」は、中年もまだまだ、と衰えに居直った。「アラフォー」世代には先があるように見える。衰えに陰がない。この時、ベビーブーマーは六〇歳に達しようとしていた。衰えは否定しようがない。

団塊の世代、という造語は、堺屋太一によるという。字面も音の響きも何か汚らしい。たしかに、昭和二二年から二四年(二五年生れの三月末まで。わたしは、二三年五月生れである)に生れた子どもは、小学校の朝礼で列を作って、他の学年の一・五倍からの長さであった。男女別に並ばされたから、男の列は女の列よりも一段と長かった。一クラスの人数は五五人以上もあり、「塊」と上級生の堺屋には見えたにちがいない。もちろんクラス数も多い。団子のように連なって、土塊のように群れている。団で塊、であった。ネーミングはうまいが、イメージがよくない。

塊、として見るベビーブーマー論は、突出して多い人口にその特徴を見る。アメリカでは、ベビーブーマーは一九五〇年以降の数年間に生まれた塊である。日本は一九四五年に戦争が終ったが、アメリカはその後に続いた冷戦の始まりであった朝鮮戦争を戦ったために、ベビーブームは日本より遅い。日本でもアメリカでも、ベビーブーマーを議論すると、その膨大な数が人口構成に弊害をもたらすと言い、老化による医療費介護費が財政を圧迫すると語る。塊としての異常な大きさがテーマとなる。このベビーブーマー論の裏を、わたし自身がベビーブーマーとして扱われてきた経験から、いささか僻んで（ひがんで）見ていこう。

ベビーブーマーが小学校に入ってくると、学校はやっかいものとして扱った。何しろ人数が多い。設備のすべてが足らない。古い校舎に詰め込みであった。ベビーブーマーが卒業するとたちまち校舎は新しくなり、設備は更新され、一学級の生徒数は減らされた。嵐が通り過ぎたかのようであった。

この塊は、小学校を通り過ぎると、中学へ、そして高校へ、さらに大学、と移って行った。中学では、ベビーブーマーの三学年が学校を支配した時期がある。一年生から三年生までがすべて塊であった。古い学舎では追いつかないから、校庭の一角にプレハブを建てて教室を確保した。プレハブといっても今のシャレたプレハブ住宅からイメージできる代物ではない。建築現場でも最近は見られなくなった、ベニア板で囲っただけの、雨がしのげるという程度の建物である。夏は暑い、冬は寒い、クーラーなどはもちろんない時代だから、その暑さ寒さは尋常ではない。休み時間に塊が移動すると、二階建てのプレハブ教室は建物全体がきしんだ。

劣悪な教育環境にもかかわらず、進学熱は高まって、高校受験は加熱した。受験地獄が始まったのである。もちろん、先の見通しの効く親とその賢い子どもは、小学校や中学から私学の難関校へ進んでいた。遅れをとった者が、ようやく高校受験で受験戦争に参戦して大学の狭き門を目指した。

日本は高度経済成長期にあり、中卒の若い労働者は「金の卵」ともてはやされた。集団就職といって、専用の団体列車で故郷をあとにし、大阪や東京といった大都会に就職した。就職するものにしろ、大学へ進学するものにしろ、なにしろ大量に若者がいた。まさに塊であった。この団塊が人生の岐路に立つたびに、社会は応対に苦慮したのである。進学すべき高校や大学には教室がなく、大量に就職させても昇進するポストがなく、それまでのシステムは大幅な変更を余儀なくされた。部下のない管理職もこの世代の男たちのために作られたのである。

女たちは、学校を卒業して数年は「腰掛け」就職をして主婦になった。短大（＋大学）

と腰掛け就職が花嫁修業になった。大量のサラリーマンの妻が「養成」されたのである。社会の通例として夫のほうが年上であったから、ベビーブーマーの女はベビーブーマーより年上を伴侶にし、男は年下を選んだ。年上の男、年下の女は、ベビーブーマーよりも少ないので、結果的に同年の結婚が多い。「塊内」結婚である。

人口が多いことの効果はあった。生産は増え、社会に余裕ができた。教室を増やし、会社はポストを増やした。住宅も増えた。だが、企業や官庁にとっては、小学校とはちがって、団塊は一過性ではなかった。団塊の年齢の児童が卒業すれば元の平穏に戻れる、という短期的な処理ですまされなかったのである。彼らが社会から「卒業」するには、四〇年、五〇年という永い年月が必要であった。

溢れるベビーブーマー

小学校でも団塊であったが、大学へ入るようになると学生定員を越えて学生が溢れた。大学進学率が二五％にも届かない時代にである。ベビーブーマーは大量の大学浪人となって、予備校に群れた。浪人はいわば当たり前で、一浪は「ひとなみ」と読まれた。大学とくに私立大学が学生定員を増やし、学生が世間に溢れた。この塊のあとの世代は進学率を伸ばして、塊たちで増えた大学生の数は維持されるどころかさらに増えることになった。あれだけ多くの学生がいるのだからと、誰もが大学へ、と思うようにもなった。数の効果であろう。

企業にももちろんベビーブーマーが溢れたが、中卒、高卒で仕事についた者は、あいつぐ生産投資の増大のなか、増加する工場やオフィスに吸い込まれていった。大卒ももちろん、就職の時期が来ると引く手あまたであった。学生側の圧倒的な売り手市場であった。前年、前々年に就職した先輩たちが就職課長や係長を連れて、後輩たちを大学の近くの喫茶店やレストランに引き込んで勧誘したものである。五社くらいから内定をもらうのは当たり前で、面接に行くための交通費や日当まで貰えて、小遣いを稼ぐ学生もいた。ある鉄鋼会社は、内定した学生を他社にとられまいと、鉱石船に乗せてオーストラリアまで連れて行った。初任給は毎年のように上がり続け、三万五千円だったのが毎年五千円の上積みが続いて、三年もするうちに五万円を越えていた。文字通りの所得倍増であった。

ベビーブーマーが小学校に上がる頃に、神武景気が始まった。高校から大学の頃はいざなぎ景気であった。初任給の上昇を見ても、所得倍増がほんとうに起こったと思ったものである。この繁栄の裏には、朝鮮戦争とベトナム戦争があった。とはいえ、日本にとっては戦争は過去のものとなっていた。神武景気のなか、「もはや戦後ではない」と宣言された。ベビーブーマーたちが小学校に入る前の貧しい「戦後の」生活は、成長とともに目に見えて豊かになっていった。

小学生のとき、車が家にあるのは、医者や社長などのいわゆる金持ちであった。経済成長のなか、自分で車を持ち、自分で運転する、というアメリカのような生活が実現してきた。大学を卒業するまでに自動車の免許をとる、というのが、社会に出るための必須にもなった。自動車学校は、ベビーブーマーで溢れかえった。若者は車を買った。神武景気からいざなぎ景気までに、パブリカなどという「国民車」が発売され、夢の夢であった「マイカー」の時代がやってきたのである。ベビーブーマーが車を持って「ドライブ」を楽しみ始めると、当然、車が道に溢れた。

彼らが結婚年齢に達すれば結婚式場は新郎新婦で混み合い、出産すれば病院は赤ん坊で溢れ、子どもが学齢期に達すると、第二次ベビーブームとして、学校はまたも学生でいっぱいになった。車を買う、家を買う、子どもに高学歴を買う、という消費社会の主役がベビーブーマーだった。さらに、「団塊」が老齢期に達すると、介護費用が社会的な重荷になって、健康保険制度に危機がやってくるという。これから、認知症老人の主役になるのだろう。

競争するベビーブーマー

高校、大学への道は狭き門だったが、希望の学校へ入れないからといって、そこで人生が決まってしまうことはなかった。大学進学率が二五％に達しようとしていたから戦前の大卒ほどにはエリートではなかったけれども、大学卒にはまだ少しは希少価値があった。それでも、高卒の生涯賃金が大卒を抜くという現象が起こったのである。つまり、大卒はいささか陳腐化し、大卒以外の人たちの価値が上がったのだろう。受験での成功以外の道がたくさんあった。偏差値などという胡散臭い統計は、もう少しあとの時代である。今では、漫才落語というお笑いの世界にも大卒が入り込んで、「高学歴芸人」などというランクづけまでが行われている。入試の偏差値で芸人の力が決まるかのようである。

社会が安定して大衆文化が盛んになってくると、芸能界も一つのオプションであった。都はるみ、森進一、沢田研二などは大衆文化で頂点に立ったベビーブーマーである。野球はもちろん、サッカー、ラグビーなど、スポーツの種類が、戦後の自由な空気の中で格段に増えた。ヒーローの数は増えた。何もないように見えた敗戦後の日本に、あたらしいジャンルが増えて、かえって可能性は高まったのである。勉強は苦手、運動はだめ、歌は歌えない、というなら、まだまだ職人の世界が残っていた。あるいは、大工場でも職人的技術はおおいに必要とされた時代であった。大卒のエリートが設計図を引いても、現場ではハンマー一丁の叩き上げの腕が機械を調整しないと工場は動かなかった。チャンスはいくらでもあった。

大学入試でも、東大だけが頂点ではなかった。国立私学を問わずそれぞれが独自の問題を作ったから、大学の個性にあわせた人材が選ばれ育っていった。有名国立大でなくても、大学のカラーを主張する名門私学からの未来は開けていた。もちろん、少数エリートである国家公務員上級職を狙うなら東大法学部でないと無理だったかもしれない。東大以外の大学から入省しても、大きな出世は難しかったかもしれない。というように、出世を阻む学閥は、社会のあちこちに仕組まれていて、若者の自由な発展を妨げていたのも事実であった。戦前からの遺制であった。ただし、遺制を破壊するのは、若いベビーブーマーの役割でもあった。

社会が変化するなか、競争の尺度は増えていったが、同時に競争も激しくなった。大量のベビーブーマーのすべてが座れる椅子は十分には用意されておらず、うかうかしていると椅子取りゲームに負けてしまう。人より先に、人より早く行かないと、椅子でも切符でもなくなる。競わねばならない。

いざなぎ景気のなかで学園紛争は起った。アメリカでもフランスでも、学生はデモをし、バリケードを張って、反体制を叫んだ。日本では、戦後体制の打破であった。さまざまなセクトが、それぞれの色をヘルメットに塗り、旗を掲げて跋扈《ばっこ》した。アメリカ帝国主義反対が先か、日本軍国主義打倒が先か、という観念論で争い、ゲバ（ゲバルト＝闘争の略語）を学生の間ではじめて四分五裂した。同じ色のヘルメットをかぶるものは、大学を横断して仲間を作った。学生はイデオロギーで結集した。そこには「学閥」はなかった。学閥の予備軍は、学閥を、日本の体制を、破壊したかのようであった。敵対の内側には、連帯があった。

バリケードを築いて石を投げ、機動隊の放水を浴びながら火炎瓶を投げ、ゲバ棒（身長より長い角材をこう呼んだ）をもって突入した。大学は一年も閉鎖された。結果は学生の敗北であった。「革命」は失敗した。もちろん、はじめから成功するはずのない革命ではあった。欧米先進国の大学では学生たちが「二十歳の反抗」として権力と戦った、というファッションでもあった。ツイッギーのミニスカートを世界中の若い女性がはいたのと似ているかもしれない。バリケードを築かなければ、ミニスカートで街を闊歩しなければ、イデオロギー的に遅れていた。少しでも高いバリケードを築き、少しでも短いスカートをはくと、競争に勝てるかのようであった。

バリケードは排除され、学園闘争の場はキャンパスの外へ移ってしまった。学園紛争の兵［つわもの］はいつもと変らぬ顔で教室に戻り、かつてのセクト間の争いは教室の空気にはいささかなりとも残っていたけれども、学生たちは、潰すはずだった「社会」のよき戦士になるために就職活動の競争を始めた。どれほどの闘士であったかなどには企業はまったく関心を示さず、闘争のリーダーならかえって企業戦士として優秀だろうと採用していった。ここでもきっと「よい兵」になるべく競うのだろう。社長はともかく、部長か重役までは、と夢見て。バリケードの恋で妻となった「女戦士」たちも、夫の出世を望んで、競争の尻を叩いたのである。

（つづく）

第2章

「男子」として生まれた「不幸」

山中浩司

「おまえ幸せかい?」

少なくとも日本の社会では「男子」として生まれることは「幸せ」とは思われないにしても、「不幸」とまで考える人は少ないのではないか。私も含めておそらく、大半の、少なくとも五〇代以上の人はそう考えているように思う。そもそも、最近まで「男」と「幸せ」という言葉の組み合わせ自体がややイレギュラーなケースという印象がある。新聞データベースで調べると、「男の幸せ」という言い回しが出現する頻度は「女の幸せ」という言い回しの一五分の一である。息子に「おまえ幸せかい?」と尋ねる親はどれくらいいるだろうか。娘の幸せを願う親は絵になるが、息子の幸せを願う親の図は何となく居心地が悪い。息子には成功とか、出世とか、大志とか、そういう何か能動的なものを期待するのだろう。事故に遭わないかとか、変な女にだまされないかとか、仕事がつらくはないかとか、そういう心配は無論ないわけはないが、息子のそういうリスクを気遣う親は、過保護とか、干渉しすぎとか、よろしくないイメージがつく。「不幸」という人生のリスクに対して、親は娘には敏感だが、息子には鈍感、あるいは鈍感であるように振る舞うのが男子の親の役割であるかのような風潮はたしかにある。

たとえば、明治安田福祉生活研究所が行っている「女性の幸せに関する意識調査」（二〇一一年）「男性の幸せに関する意識調査」（二〇一二年）を見ると、二〇代後半から三〇代前半の女性に対する質問に「生まれ変われるとしたら次は」男性か女性かというのがあるが、男性の意識調査にはそういう項目がない。理由は不明だが、次に生まれるときには「女になりたいか」と男に尋ねることに違和感を感じるのだろう。もっとも、ちまたの商業的に行われている調査では、男女にそういう質問があり、生まれ変われるなら今と違う性がいいという人が男性の方が若干多いという結果もある。

ところが、近年、今の社会で「男子」として生まれたことはかなりの「不幸」だという議論が少なくとも二つ出ている。一つは、教育においてである。もう一つは健康においてである。いずれの議論の背景にも、社会のあらゆる領域で成果や業績を評価し、非効率なものはこれを改善しようとするネオリベラリズム的な発想があり、これはこれで問題だが、しかし、こうした動きの最後に出てきたのが男性という生き物のやっかいな特性だとすれば、なかなか皮肉な現象である。ともあれ、欧米の状況を見て、いずれこの二つの領域における「男子」の「不幸」が職業社会にも影響を及ぼすだろうと考えると、社会的には大きな変化である。それに、「男子」の「不幸」は、「女子」にとっても実はかなりやっかいである。恥ずかしながら、伊藤公雄氏という日本男性学のパイオニアと親しくさせてもらっていながら、私がこのことに気づいたのはごくごく最近である。男性学なるものは、女性学の補完領域としか考えていなかった不明を恥じる次第である。その罪滅ぼしではないが、私と同じようにまだまだこの問題に気づいていない、少なくとも一般の男子は多いと思われるので、素人談義に終始することを覚悟で、また男性学の諸氏から譴責《けんせき》を受けることを覚悟で、なぜ「男子」として生まれたことは「不幸」かという議論を紹介させていただきたい。健康の方が、私の専門に近いが、ここでは専門外の教育問題について議論したい。合わせて、男も「幸せ」について考えてよい、息子の幸せを願う親が絵になる社会にという思いも最後に述べたい。

高等教育は今や世界的に女子優位

ユネスコが二〇一二年に発表した『教育における性差平等世界地図』には、最近四〇年間に高等教育（大学や短大）は世界中で発展したとある。このことの意味は後でとりあげよう。ともかく、先進国から途上国まで世界中で高等教育機関は数倍にふくれあがり、もちろんそれにともなって高等教育機関への入学者も急増する。この拡大する高等教育の恩恵の最大の受益者はどの国でも女子である。一九七〇年代には、高等教育機関への進学率が男子よりも女子の方が高い地域は中欧と東欧だけだったが、一九八五年頃には北米・西欧地域が、一九九〇年代にはラテンアメリカ・カリブ海地域が、二〇〇三年頃には中央アジア地域で女子が男子を上回るようになり、高等教育において女子が男子を圧倒するのは今や世界の趨勢である。本書の冒頭で伊藤公雄氏も書いているように、かろうじて日本と韓国はその例外にとどまっているが、これも時間の問題だろう。日本でも、短大が衰退するにつれて女子大生の進学の波は四年制大学に押し寄せている。合格率からすると女子の方がずっと高いから、志願すれば女子が男子を上回るのはほぼ確実だ。二〇〇七年のOECDの『教育要覧』でも、参加国中、高等教育への参与率で男子が優位にあるのは日本、韓国、トルコのみ、拮抗しているのはドイツ、メキシコ、その他の二十三カ国はすべて女子優位である。もっとも大差のついているアイスランドでは、女子の高等教育進学率はなんと九〇％を超えて、男子は五〇％である。これには、労働市場における男女の不平等が影響しているという説もあるようだ。つまり、労働市場への出口がないために、女子が長い間教育機関に滞留するということらしい。

アイスランドについて言えば、一九八五年に大学入学率の男女逆転が起きて以来、女子の入学者が男子を圧倒する傾向は強まり、それは修士課程入学者からさらには博士課程入学者にまで及んでいる。伝統的に女性が多い専門分野が高等教育に格上げされていった結果であると指摘されているが、アイスランド最大の大学、アイスランド大学では、医学、法学、神学など、いわゆるヨーロッパの伝統的三学部においても女子が多数を占めているというから、女子の高等教育への浸透は全面的と言っても良い。

勝負は高等教育に進む前についている

女性が高等教育に押し寄せるのはたしかに労働市場の問題もあるのだろう。アイスランドでは職業訓練について言えば男子の参加者が女子をはるかに上回るという。しかし、みなさん思い出していただきたい。学校時代、クラスの優等生が男子であったか女子であったかを。年配の方はたしかに勉強でも主導権は男子生徒にあり、女子生徒はつつましやかであったという記憶の方はおられるかもしれない。しかし、我われの世代（筆者は一九五九年生れ）くらいからは次第に勉強は女子、特に国語や英語などは女子に圧倒的に負けていたのではないか。ＯＥＣＤが行っている一五歳児童の学習到達度調査（ＰＩＳＡ）の二〇〇〇年と二〇〇九年の結果を見ると、日本では、科学では男女差はなし、数学では男子優位、読解力では女子が相当優位でギャップは拡大という結果であるが、いくつかの先進国ではすでに数学でも女子が逆転する国が出てきている。これも冒頭で伊藤公雄氏が指摘する通りである。読解力では、すべての国で女子が優位であり、しかもその差は二〇〇〇年以降急速に拡大している。読解力におけるジェンダーギャップが縮小している国は二〇〇〇年と二〇〇九年両方の調査に参加した三十八カ国中わずかに六カ国で、その縮小幅も拡大幅と比較するとわずかである。韓国のようにギャップが拡大している国では女子の学力向上速度に男子がついていけないことが原因とされている。つまり、教育の機会均等と教育方法の向上の恩恵は男女に不均等に受容されている状況といえる。それと同時に、教育格差の拡大からか、いわゆる問題になる低学力児童の割合が拡大する国では、拡大に寄与しているのは多くが男子児童である。低学力集団における男女の格差は大きく、PISAで問題にしているレベル一以下の男子児童数は女子の二倍（男子二四％、女子一二％）である。日本では、二〇〇〇年には男子の一四・二％、女子の六％がレベル一以下であったが、二〇〇九年には男子の一八・九％、女子の八％である。レベル五以上も同様に増加しているので、全体として二極化が進行し、さらにその中でも男女間の格差が拡大という構図である（もっとも二〇〇六年からは若干底上げされたようだが）。

二〇〇六年のPISAでは、「三〇歳になったときにどんな職業に就いていることを期待するか」と尋ねているが、面白いのは、参加国のほとんどの国で女子は職業についてもより野心的であり、国際標準職業分類（ISCO）が定める職業分類の1と2に該当する管理職、専門職を目指す女子は男子よりも多い。日本、韓国、フランス、ドイツ、スイスなどではこの差がほとんどない。この傾向は大体において大学進学率の男女差と同じである。日本や韓国のように学力的には女子が優位になっているにもかかわらず大学進学において男子に逆転される国では、女子の野心も萎縮している。しかし、世界的にみれば、能力も野心もある女子が男子を上回るのが趨勢に見える。

先進工業国では、一九八〇年代から初等、中等教育において女子生徒の成績が男子を上回るようになったと言われている。イギリスでは一九八八年以降男女の格差が拡大。男子の成績の低さが次第に問題視されはじめた。ＰＩＳＡの学力調査などでも明らかなように、ほとんどすべての国で、文章読解能力では女子が優位である。数学では、男子生徒が優位と言われてきたが、それも次第に格差は縮小し、イギリスでは一九九一年には数学でも男女逆転が生じたという。それに、前に書いたように、男子は平均して女子よりも悪いというだけでなく、いわゆる最下層グループでは、男子ばかりになる傾向がある。女子に比べて分散が大きく、男子は上から下までいる。トップクラスの男子は、まあいいとして、底辺の男子はかなりの問題である。先ほどのユネスコの統計でも、学校から脱落する生徒は多くの国で男子が女子よりも高率であり、先進工業国ではほとんどそうである。問題は少し異なるが、学習に障害を抱え、特別教育が必要な児童数においても、自閉症、注意欠陥障害など発達障害と呼ばれる疾患でもなぜか男子が女子を圧倒している。二〇一二年の論文によると、イギリスで特別教育が必要と認定された児童のうち男子は七〇％、総務省の統計によれば日本でも特別支援学校に通う児童の六五％は男子である。

つまり、女子が男子を学力において上回るのは大学に入学するはるか以前からなのである。大学に進学することが女子にとって何の障害もなくなれば、この学力差はそのまま高等教育進学率の差となって現れるのは当然である。

男女のこうした学力差には生物学的な要因が働くとする説もあるくらいで、その差は生後九ヶ月ですでに現れるという話がイギリスのミレニアムコホート研究の成果に出ているという。それによると、生後九ヶ月の女の子の六四％は、何かをつかんで大人に渡すという動作ができるが、男の子でできるのは五五％であるという。また、誰かが去ろうとすると女の子の四五％は自分でバイバイと手を振るが、男の子では三〇％だそうだ（Dex & Joshi, 2004: 129）。たしかに赤ん坊や幼児の動きを見ていると女の子は何事も早いという印象を受ける。生物学的に見て、男子はゆっくりと成熟するというような書き方をしているものは多い。しかし、このゆっくりはどこまで続くのだろうか。

男女の学力差についての古典的な事例は読む能力である。米国では一九四〇年代から問題になっていた。ここでも生物学的な説明があり、男子は成長が遅い、それに体を使った活動に関心が向きやすかったり、競争的なものを好む学習傾向が、教室での適応を困難にしているという。もちろん、文化的あるいは環境的要因によるところが大きいという議論も相当ある。いくつかの文化圏では、男女の読解能力の差が明瞭でなかったので、文化的説明は有効と見られた。これは大きく分けて家庭における男女の育て方の相違、学校における教師の性別と男子生徒への接し方、それに生徒内でのいわゆる仲間文化、教育方法の変化などの議論があるようだ。その内容はなかなか興味深いし、欧米でも日本でも似たような状況であるように思われるので、いくつか紹介しよう。

「お父さん、息子さんに本を読んであげてください」

イギリスの教育省が公表した『ジェンダーと教育―イングランド児童についての証拠』(二〇〇七年)には、こういうくだりがある。「両親は息子よりも娘に対して読み聞かせをやったり歌を教えたりすることが多い」これを読むと、そうかな? と思うが、しかし、息子とキャッチボールやサッカーをしたり、相撲をとったりといった、スポーツや体を使ったコミュニケーションをとりたいと願う父親が多いのは洋の東西を問わないようだ。それに対して、読書は女性的活動というイメージが少なくとも欧米ではかなり強くある。

以前、授業の素材にと思い、読書する人を描いた絵画を検索したところ、描かれている人物のほとんどは女性であった。女性と読書というイメージの結びつきがどれくらい古くまで遡るのかは調べることができなかったが、しかし、学校児童の間で、読書が女性的な活動と見られる傾向についてはは多くの調査報告がある。カナダ学習協議会が二〇〇九年に出した『なぜ男の子は読書を好まないか—読解能力におけるジェンダー格差』という報告書でも、「男の子は読書を女性的活動とみなしやすく、このことが彼らの読書への動機を押し下げている」と指摘されている。男の子の間で読書が女性的活動とみなされる理由については、読書のモデルが多くの場合母親であること、保育や教育のために預けられる施設での教師の多くが女性であること、教育のために与えられる書物のジャンルや内容が男の子が興味をもつジャンルや内容と大きく異なることなどがあげられている。このあたりはたしかに日本でもそうだろう。父親が新聞や雑誌を読み、母親が本を読むという家庭内の構図も影響するという研究者がいる。

ある研究者と男の子の会話。

インタビュアー「家族で一番字を読むのはだあれ？」

ジェイソン「パパだよ」

インタビュアー「何を読むの？」

ジェイソン「新聞、馬のところ、何時に走るかとか、いろいろ。走る前に行って賭けないといけないからね」

インタビュアー「他には？」

ジェイソン「そうだ、テレビでサッカーの結果を読むよ」

（Millard 1997: 35）

そう言えば昔、保育所の先生に、お父さんが本を読んであげてください、お父さんが読んであげるのがとてもいいんですよ、と言われたことがあって、はて、なんで父親が本を読み聞かせるのがそんなにいいのか、なんで母親ではだめなのか（母親がだめとは言ってないが）あれこれ考えたあげく、本の朗読は男の方が向いているのかな、女よりも男の方が情感がこもるのかな、などと勝手な妄想に発展して、せっせと読み聞かせた記憶がある。

もっとも、この種の努力は父親の場合は息子よりも娘に向かう方が強く、結局下の娘にせっせと読み聞かせをしていたから、もしあの保育士さんが、こういう研究を知っていて、男の子には父親が本を読んで聞かせるのが効果的と考えていたとしたら、娘にせっせと読んでいた私は何をしているのかということになる。男の子に父親が本を読んで聞かせることをプログラム化しているケースがアイルランドやイギリスなどではあるようだ。いずれも男性読書モデルへのアクセスを男子に与えることが一つの目的である。

教育学者のソーカルらは、男の子の読書動機を高めるために、男性の読み手と女性の読み手、男の子が好むジャンルの読み物と通常の教育用の読み物、この組み合わせ（合計四種類）の介入を行ってその効果を調べている。他の多くの研究と同様に、読み手を女性から男性に切り替えるだけではたいした効果はないようだが、読ませる書物のジャンルや内容を男の子向けにすることは効果があるという。しかし、「読書は女性的な活動で興味がない」と感じている男の子の集団に対しては、実験（一〇週間の介入実験）はほとんど何の影響も与えなかったというから、難しいものだ。

男の子は学業をサボることを誇りにする

しかし、読書だけが女性的活動とみなされているわけではない。ジェローム・ケイガンという研究者によると、一般に学校的活動全般が男子からは女子的活動とみなされているという。学校に関連するいろいろなものやイメージを集めて、男と女のイメージに振り分けさせると、学校イメージは女性的な認識をされているらしい。たしかに、宿題を欠かさずやること、教室で静かに座っていること、本を黙って読むこと、先生の言うことを良く聞くこと、これらとある種の男性的イメージを結びつけるのは困難かもしれない。とりわけ教師が女性である場合には、男子生徒の性別役割意識がこれらの規範を遵守することを阻害することは大いに考えられる。男子生徒の仲間グループの中で共有される男らしさについての青年期の観念が、学校活動への従事を阻害しているという研究文献は多い。こうした事実は、一九九〇年代のイギリスやオーストラリアにおける「男の子学力不足パニック」の中で注目を集めた。粗暴さは男らしさのパーフォーマンスで、学校環境の中ではもっとも高い社会的ステータスをもたらすというようなことは、日本でも学校という社会を経験した人には、それはそうだろうなと納得するようなありふれた事実だと思うが、しかしこんなことが問題になったのは、男女の学力格差が教育改革の主要なターゲットの一つとして浮上したからだろう。教育社会学者のベッキー・フランシスは、学業で優秀なことと男子生徒から人気を博することの間には一定の緊張関係があり、両者を同時に維持するのは困難が伴うと指摘している。「ボフィン boffin（博士野郎）」とか「ギーク geek（ガリ勉）」というような優等生に対してさげすむあだ名の存在がそれを暗示している。この傾向は日本でも少なくとも一般の学校では同様だろう。だから学校改革をしようとすれば、学業を男らしさに反する、あるいは学業で優秀なことを快く思わない男子生徒の仲間文化をなんとかする必要があるということになる。はたしてそんな改革がうまくいくものか。

ギャップはなぜ拡大したのか

ところで、男女の学力格差がイギリスなどで問題になり始めたのは一九九〇年代からと書いたが、当然この頃から男子の学力不足をなんとかしようとするさまざまな試みが行われたわけだ。ところが、実際には、男女の学力格差は縮小するよりもむしろ拡大しそのまま固定した感がある。男女学力差についてのいろいろなデータをみていると、かつては成績にしても進学率にしてもいずれも男子が女子を上回っていることがわかる。日本でも勉学を続けることの重要性と期待感は女子に対するよりも男子に対する方が高かったと推測できる。「女の子だから浪人をしてまで希望の大学に行かなくてもよい」とか、「あんまり高学歴になるとお嫁に行けなくなる」とかいうような言い方は最近までよく聞かれた。しかし、子供の学習を補助するサービスや商品が出回り、教育機会が社会のすみずみまで行き渡るにつれて、女子の学力は男子よりもハイスピードで上昇していくようになる。少なくとも多くの国ですべての子供に教育機会を保証するようになればなるほど、女子の学力は急速に上昇し、男子はそのスピードに追いつけないという事態であるように見える。

大学進学率においても同様で、一九九二年に男女逆転して以来、そのギャップは拡大して、その後安定した。一七〜三〇歳の青年が大学に進学する率を代表するイギリスの指標（ＨＥＩＰＲ）でみると、イギリスでは、一九九九年には男女は四ポイント差（男性三七％、女性四一％）であったのが、二〇〇一年には八ポイント差、二〇〇四年には一〇ポイント差となっている。その後指標の計算方法が変更されたためにポイント差は縮小したように見えるが、ほぼこの状態で安定した。

ギャップはなぜ拡大するのか。二〇〇〇年と二〇〇九年を比較すると、ＰＩＳＡに参加した多くの国で特に読解能力の男女学力差は拡大している。縮小した国はチリ、米国など六カ国のみで、残りの三三ヵ国でギャップは拡大している。

教育機会の増加や教育方法の改善と学力におけるジェンダーギャップの拡大との明確な関連を指摘する研究があるのか確認できなかったが、しかし、この現象は、いわゆる知識ギャップ仮説で指摘された現象と同種であるように見える。知識ギャップ仮説というのは、一九七〇年代にコミュニケーション研究の中で提唱された仮説で、「マスメディア情報の社会システムへの注入が進展すればするほど、社会経済的に高い地位にある住民階層は、低い階層の住民よりもこうした情報を早く取得する傾向があり、それによりこれらの階層間の知識のギャップは縮小するよりも拡大する傾向がある」と主張する。マスメディアの社会的影響についてのこの仮説の有効性については今は問わないとして、いわゆる情報の受け手側に何らかの格差（コミュニケーション能力、情報の蓄積量、社会的コンタクト、利用能力など）あるいは差異（特定のトピックへの関心や利害）が存在すれば、物理的な意味での情報へのアクセスが開放されればされるほど社会集団間のギャップが拡大するというのは、理解できる。米国で貧困層の児童の学力向上のために作られた教育番組セサミストリートも、放映後しばらくは、階層間でギャップがむしろ拡大したという皮肉な指摘がある。教育機会を特定の集団に限定しない限り、貧しい黒人の子供にとって学力を向上させるサービスは、中流の白人層の子供にとっても有効であり、そうするとあらかじめ存在した両者の格差が、そのサービスによって生じる学力向上の程度に影響する。結果的に、両者ともに学力は向上するが、白人の中流層の子供の伸びは黒人の貧困層の伸びを上回るという。

前にあげたイギリス教育省の『ジェンダーと教育』の中には次のような指摘がある。「男子の達成度を引き上げるための戦略は、女子の達成度も引き上げる可能性が高く、かくしてジェンダーギャップは永続化する。男子向け教育法なるものは存在せず、男子向けのものはそのまま女子向けにもなる」という。要は、教育という仕組みに対する個人の反応には性差が影響するということだろうと推測する。この反応の違いが、生物学的なものか社会文化的なものかは別として、ともかくほとんどの国で、この違いは女子に有利に男子に不利に働いている。これまでその差異が問題にならなかったのは、教育機会が明らかに男子に有利に配分されていたからで、機会均等になれば、粗暴さや、学業軽視を自慢にし、教室の中でのコミュニケーションが苦手な男子は守勢に回らざるを得なくなる。

形式的教育における学力差は何をもたらすのか

事のついでに、学校教育における男女学力差問題がなぜ重要なのか、自分の考えを述べておきたい。これは技術が社会に及ぼす影響を調べる技術社会学をやっている中で派生的に得られた知識なので、部分的断片的になることをお許し願いたい。

現代の先進工業国はポスト工業社会と呼ばれている。これにはさまざまな議論があるが、要は、製造業を中心とする第二次産業が社会の生産活動の中心的位置を喪失し、被用者の多数が情報やサービスといった第三次産業に従事するようになる社会である。社会がこのように変化する原因は二つあり、一つは途上国との競争（生産拠点が途上国へ移動する）、もう一つは情報技術の浸透である。この二つはもちろん関連している。情報技術によって、技術移転は格段に容易になり、グローバリゼーションを加速する。産業別就業者割合の推移によって産業構造の変化を見るクラークのセクターモデルによると、米国は、第一次産業と第二次産業と第三次産業の就業者割合が拮抗するのが一九二〇年代で、すでにこのころから脱工業化のプロセスが始まっているとする議論があるようだが、脱工業化とかポスト工業化ということが言われ始めたのは一九七〇年代である。第二次産業の就業者数が三割を切り、その後急速に下降し始めるのも一九七〇年代で、日本などとの熾烈な競争の中でアメリカ経済の危機が叫ばれた時代である。日本についてみると、これもいろいろな議論があるようだが、製造業の危機が深刻になり始めたのはやはりバブル崩壊後の一九九〇年代以降ではないだろうか。就業者数も一九九〇年代までは第二次産業は高原状態を維持しており、その後米国ほど急ではないが徐々に低下している。いずれにしても、工場での生産労働が経済に占める地位は低下しており、技術、管理、専門職とサービス職が社会の主要な職業となりつつある。

こうした変化は社会全体としてだけ生じているのではなく、個々の職場のようなミクロな状況でも生じている。生産現場では、伝統的に熟練労働者の技能や権限は重要な要素であり、現場で経験によって獲得される能力は企業にとっても個人にとってもきわめて重要な意味をもっていた。学校で修得される形式的教育はこうした技能を提供することができず、職場で体で覚えるタイプの技能の存在は学校教育の意義を一定の範囲に限定してきたのである。オン・ザ・ジョブ・トレーニングの伝統が強い日本では特にこの傾向は強く、学業成績と仕事能力は直接結びつかないとするスタンスが今でも企業には強いように見える。実際、大学を出ていることは、一定の階層の教養を身につけているという証にはなっても、なんらかの職業能力を示すものとは見なされないというのは、日本だけではなく、欧米においても根強く存在する考えである。医学部のドクターの称号が、治療能力を全然保証しないと言われたこともまれではないである。だから、職業的成功と学業上の成功とは必ずしも連動しないのが伝統的なありかたである。米国でも、ビジネスの世界で大卒が有利となったのはそんなに古い話ではない。少なくとも戦前までは、ハーバードなんかを出るのは、優れた能力の証なんかではなく、一定の社会階層の証だからで、要は良家の子女の教養教育というのが大学の役目である。したがって、高卒よりも大卒が収入がいいという保証は何もない。早く働いてキャリアを積む方が有利な場合も多い。プロ野球選手をみてみればわかる。高卒ルーキーと大卒ルーキーはどちらが有利ということは一概に言えない。大学までお声がかからなかった選手の方がむしろ不利だろう。斎藤佑樹投手が早稲田大学で勉強したり野球をしたりしている間に田中将大投手は全日本代表にまでなった。一九七〇年頃でも米国の高卒者の七八％、高校中退者でも六一％は、少なくとも所得の上では中上流階層に属していたし、同じ頃の短大以上卒や大卒者でも、それぞれ八一%と八四%にすぎない。つまり、大学へ支払う授業料や費やす時間や労力を考えれば大学へ行くことはそれほど見合う投資ではなかった。だから、たとえ男子が学校で女子に負け続けたとしても気にすることはない。実社会で稼ぐとなると話は別であった。

ところがである。二〇〇七年には学歴による所得格差ははるかに鮮明である。米国では、高校中退者で中上流に入れるのはわずかに四〇%、高卒でも六四%、これが大卒になれば八六%、大学院卒では九一%まで跳ね上がる。学歴による所得差、いわゆる学卒プレミアムは一九八〇年代以降急速に拡大した。この状況は、米国以外でも次第に鮮明になりつつある。日本の大卒プレミアムは、先進国の中では比較的低い位置にあるが、しかし、高卒者が直面する高い失業率や非正規労働者率を考えると、賃金格差だけでは学歴格差は語れないのは明白である。米国のように大学院卒のプレミアムが急上昇する状況にはないが、すでに理系文系の所得格差は歴然としてきている。多くの理系学部は、修士課程までへの進学が通常であり、これが大学院卒プレミアムを次第に押し上げる可能性は高い。ビジネススクールやロースクールのような米国流の職業人養成大学院も、当初期待したほどではないにしても、次第に教育のプレミアムを積み上げるだろう。

さて、学歴プレミアムとならんで、この三〇年間の賃金構造の変化で先進工業国に明白に認められているのは男女賃金格差の縮小である。これが劇的に生じなかったのは日本や韓国などごくわずかな例外国だけで、ほとんどの国で男女賃金格差は縮小している。一九七五年には米国、英国、日本におけるフルタイム労働者の賃金格差はいずれも女性労働者の賃金が男性よりも四割低いという状況であったが、二〇〇〇年代後半には米国も英国も二割まで低下(他の欧州諸国は軒並み二割以下)。日本は三割にとどまり、先進国との間でこの点についての格差は拡大した。つまり、日本で女性が働くのは他の先進国と比較して相対的に不利である。

こうした現象にはさまざまな要因が指摘されているが、一つの重要な要因は技術変化であると言われている。情報技術が産業に及ぼす影響は、労働者の技能にバイアスをかけ、このバイアスが、教育プレミアムや女性賃金の上昇をもたらしたとする説がある(技能バイアス技術変化説)。つまり、情報技術は、伝統的な肉体的な活動によって蓄積される経験的技能の価値を相対的に押し下げ、代わって知的な活動を中心とする技能の価値を押し上げた、その結果、こうした知的技能の習得の前提となる形式的教育の価値が上昇し、また、それは肉体的活動において不利であった女性の地位の向上に寄与したという。

いまや、先進国では大学院まで女性有利である。ポスト工業社会の産業構造は、高度な教育を受けた人材を優遇する傾向があるとすれば、女性の社会的地位が従来のままである日本は、いわば、人口の半分で世界と競争していることになる。しかもその男子は、少なくとも教育課程において女子よりも劣り、また、多くのドロップアウトや問題行動を抱えるとなると、これで熾烈な国際産業競争を勝ち抜けと言うのは無理である。したがって、早晩このシステムは変わらざるを得ないだろう。企業は優秀な女性社員をいかにして社内にとどめておくかを真剣に考えなければ生き残れなくなる。経済ニュースなどで出てくる女性アナリストや解説者の多くは海外で働いていたか外資系企業の出身者であるのは偶然ではなく、要は日本の優秀な女性人材はみな海外に流出しているのである。

男子の「幸福」

教室の中での男子の「不幸」は、就学前に始まるという話があると書いたが、それには、男子は成熟が遅いという説明がついて回っていた。ゆっくりと成長する男子は、いずれは早熟な女子を追い越して社会へ飛翔するというようなイメージが暗に描かれている。しかし、高等教育に至るまで飛翔の時はこない。多くの国ではようやく博士課程への進学において男子の成熟の成果を見るのであるが、しかし、それもいつまで続くかは疑問である。たしかに研究者になると俄然男子が多くなる。それに、職業社会での社会的地位は女性の地位が向上したとはいえ、依然として男性社会的な側面は強い。しかし、男性的な特性や身体能力が必須である職業は次第に減少しているし、コミュニケーションという昨今さかんに叫ばれる能力において男性が平均的に不利であることは明らかである。職業活動において男性が求められる場面の多くは、相手が男性であるという理由でそうなっている。ビジネスの交渉、飲食やゴルフなどの付き合い、インフォーマルな情報交換など、相手の性別が影響することは間違いない。しかし、こういうある種のネットワーク効果は、女性の地位が一定の規模を超えて拡大すれば、急速に失われる。それに、相手の性別に関係なく、女性の方が、まじめで誠実というイメージもある。タクシーやトラックの運転手でも、屈強で強情そうな男性ドライバーが顧客から敬遠される日は近い。

競争社会において、次第に男子が不利になり、元来競争なるものに関心があまりなかった女子が有利になることは何をもたらすだろうか。男性にとって救いであるのは、男性が競争を好む、冒険的行動を好む、危険を好むといっても、そうした葛藤の中で生きることが必ずしも男性にとって「幸福」であるとは限らないということだ。このことは、米国のような競争至上主義社会における、幸福感の年齢別分布を見るとよくわかる。米国では、年齢別の幸福感は、U字型になると言われている。これを欧州のデータとつきあわせて、世代効果を取り除いたら、やはり年齢によってU字型になると主張する研究者がいる。私はその真偽について判断する立場にはないが、その主張は、人間の幸福は中年期（四〇～五〇代）に最低になるというものである。これは逆に言えば、老年期には次第に幸福感が上昇するということだ。つまり、希望あふれる青年期と希望のなくなった老年期に人の幸福は最大になる。人生の中でもっとも激烈な競争にまきこまれている中年期には人はもっとも不幸ということである。この種の主張をあまりまともに受け容れてはいけないかもしれないが、何となくわかる。ちなみに、男女を比較しても、一般には同じような質問をすれば女性の方が幸福感は高い。もっとも低いのは中年の未婚男性である。これも何となくわかる。競争がもたらす挫折感や剥奪感がピークに達するのが中年期で、これが、まだ不確実な青年期と、そこから離脱した老年期は、そのネガティヴな影響を逃れている。

つまり、競争からの離脱は、考えようによっては幸せをもたらすのである。女性が社会進出して、男性の代わりにどんどん働くようになれば、男性はそれだけ相対的に競争的環境から離脱できる可能性は高まる。実際、米国などでは、共働きが当たり前になったために、一人当たりの労働時間は減少し、夫婦全体の労働時間は増えるという事態になっている。これに付随して、男性の幸福感は上昇し、女性の幸福感が相対的に低下しているという議論もある。女性の社会的進出の進展と幸福感の後退をパラドックスと呼んでいる論者もあるようだが、私のような凡人の目から見ると当たり前である。願わくば、そのこぼれ落ちた幸福感の一部を男性に与えたまえ。

人生の幸福感

エッセー　僻目のベビーブーマー論2

戦後文化の衝撃

橋本　満

ベビーブーマーの物心がついた頃、日本は国連軍の監視下から解放され、独立国家の様相をとりもどしていた。戦後の冷戦システムの始まりであった、朝鮮戦争で日本の景気は浮上して、復興の勢いは盛んであった。神武景気である。

日本のあちこちに、米軍の進駐軍、いやすでに駐留軍となって、基地があった。米兵とその家族は、いかにもたくましく、ぜいたくな生活を送っていると見えた。戦後日本に食料が行き渡るようになっていたとはいえ、日々の食事は粗末であった。そもそも戦前の食事が、欧米先進国と比べると粗末であった。魚や肉は月に数回という水準であったろう。放出物資と言われたアメリカからの贈物には、チューインガム、チョコレート、バター、チーズ、といった、親たちが見たことのない食べ物があった。なにしろ、アメリカは豊かで金持ちで、そして大きかった。

ベビーブーマーは、「焼け跡闇市派」ではない。日本はすでに回復していた。ジープに乗る進駐軍がガムやチョコレートをまいて、そのあとを、「ギブミー、チューインガム」と叫んで追いかけたという記憶はない。追いかけていたのは、少し年上の連中である。ジープを追いかけるには、ベビーブーマーは少し小さかった。そのうち、ガムやチョコレートは菓子屋にならぶようになった。進駐軍にもらわなくても、手に入るようになっていた。

民放のラジオ放送はあったし、テレビの試験放送は、小学校に入る頃に始まっていた。金持ちの家には、テレビがあった。街頭テレビが街角に据えられて、プロレスでは力道山が外人レスラーをやっつけて大喝采を受けていた。大人たちは、力道山が外人をやっつけるのを喜んでいた。戦争に負けた憂さ晴らしだったろうか。大の大人があんなものに喜ぶのが不思議だった。

ラジオから流れる歌は、民謡を元にした歌謡曲であった。三橋美智也、春日八郎を覚えている。「お富みさん」、「峠の一本杉」だったか。「おーい、中村君」とか「月の法善寺横町」も流行っていた。けれども、強い民謡調の歌は古くさく感じられ、そこにアメリカン・ポップスが流れ込んできた。六〇年代である。中学生になろうとしていた。

ポール・アンカ、ニール・セダカといった若い声が聞こえてきた。リッキー・ネルソンに、もちろんエルヴィス・プレスリーであった。民謡調の歌謡曲とは違い、速いリズムに陽気な歌声、英語には日本語にない明るい音が響いていた。日本の歌手たちも、平尾昌晃、山下敬二郎、小坂一也といった人気歌手で、アメリカン・ポップスがすぐにカバーされた。だが、同じ歌を歌っても、訳した日本語がどこかドライでないのか、また彼らの歌う「英語」にも作り物の感じをもったし、リズムが違うのだろう、違和感があった。民謡の黴た臭いを嗅いだせいだろう。のちに、彼ら日本のポップ・シンガーが新しい感覚の演歌に進出していったのは当然であった。民謡の上にアメリカン・ポップスをかぶせた、七〇年代の新しい演歌の下地がこのときに作られていたのである。

アメリカン・ポップスに重ねて、西部劇がテレビで放映された。小学生から中学生になる頃には白黒テレビは家庭に普及していた。今上天皇が皇太子で、美智子皇太子妃と結婚し、ミッチー・ブームが広がった。少し年上の大学生はこぞってテニスをしたものである。ご成婚をきっかけに、テレビが家々に入った。放送されていたホーム・コメディから西部劇、ギャグもの、戦争もの、すべてはアメリカからの輸入であった。若い頃のスティーヴ・マックィーン、クリント・イーストウッドが、腰のピストルを早撃ちして悪漢を倒していた。銃を撃ってもパンチをくりだしても、圧倒的に強かった。彼らはテレビの英雄であり、彼らが活躍するアメリカは子どもにとってあこがれであった。スティーヴ・マックィーン、クリント・イーストウッドは、大きくて強くて、英雄であった。もちろん、彼らは正義の味方であったし、何より家族と友人を守った。ホーム・コメディに見る「民主的」家族と同じイデオロギーが流れていた。『ディズニーランド・アワー』というディズニーランドを宣伝する番組があり、そこでは親子が仲良く「童心」にかえる世界が描かれていた。日本にとっては家族の新しいイメージである。もちろん、当時は、ウォルト・ディズニーが差別されるユダヤ系で、アメリカの現実のなかに空想の世界を作り出したなどということは、知るよしもなかった。

戦後文化は、戦前の残滓を、アメリカ文化で洗い流そうとするかのようにして作られた。「封建遺制」という言葉が一般にも流通した。浪花節や講談はいかにも古く、封建的であった。戦後強くなったのは、女性とストッキング、と言われた。逆に、夫あるいは父の権威は弱くなった、とされた。戦後民主主義は合い言葉のようにして、日常の生活に浸透していた。現実はともかく、社会は一変した。一変させたのは、アメリカからやってきたヒーローであった。

敗戦の残滓

日本のヒーローは月光仮面だった。「月光仮面のおじさんは」、と歌いながらも、その元ネタがスーパーマンであることはわかっていた。テレビに映るアメリカのスーパーマンは空を飛んで現れるのに、月光仮面はバイクでやってくる。スーパーカブに乗ってくる。日本の工業が復興して、優れたバイクを作れるようになったのだろうけど、スーパーカブでは近所のうどん屋の出前と同じである。スーパーカブの宣伝だなあ、と大人の事情に薄々は感づきながらも、「月光仮面のおじさんは」と歌っていた。でも、やっぱり夢がない。何かが裏にある。

学校では給食を食べさせられた。戦争中の制度が維持されていたのである。たしかに、戦後の物資がない状況では、子どもに栄養がいきわたるために必要であったろう。だが、ベビーブーマーが小学校に入る頃には、遅くても高学年になる頃には、少なくとも食糧難ではなかった。それでも、給食は続けられた。給食といっても、今の給食では想像できないメニューであった。今の給食は、食器からしてぜいたくである。米飯給食といって米が出る、ほんものの牛乳が出る。ベビーブーマーに与えられた給食には、アメリカで豚の餌だった脱脂粉乳が必須だった。

復興しつつあるとはいえ、まだ食事に問題のある子どもはいた。貧しくて、兄弟が十分に食べられない、弟妹に家での食事をゆずって給食で腹を満たした、という同級生はいた。そういう同級生がいたことは十分に承知の上で、なおかつ、当時の給食は食べられた代物ではなかった。まず、アルミニウムの食器である。何年も使ってへこんで歪んだ「年代物」で、薄黄色く変色している。嗅ぐと、奇妙にすえたような臭いがする。おまけにこの食器で、虫下しを飲まされた。えもいわれない臭いがする真っ黒の虫下しを、この食器で飲む。虫下しの臭いも食器のすえた臭いに混ざって、忘れられない独得の風味だった。

もちろん、単価も安いのでよい食材が使われていたはずはない。取り合わせも悪い。最悪の取り合わせは、援助物資の名残であった脱脂粉乳の白い液体と、ぜんざいと塩昆布と、パンである。この取り合わせを考えた人は天才だ。ぜんざいも砂糖の甘さではなく人工甘味料だった。強烈に甘いが、砂糖の甘みではない。そこに、辛いだけの塩昆布と、必須の脱脂粉乳である。昆布とは黒い色から想像するだけで、細く短冊に切った紙状のペラペラしたものであった。

バターもついていた。もちろんマーガリンである。今のマーガリンはけっこううまい。当時のマーガリンは単なる植物性の脂の塊である。ジャムもあった。色だけはイチゴであった。強烈に甘いぜんざいと塩昆布が食べられないなら、パンとジャムだけでもお腹の足しになるはずだ。だが、このパンが食べられない。すかすかとして、何か臭う。断面をよく見ると、刻んだ藁のようなものがパンのあちこちに見え隠れする。

家にもって帰って犬にやると、犬が前足を鼻にこすりつけて、勘弁してくれ、とお辞儀をする。しばらくして見に行くと、パンがない。食べたのかと思うと、鼻の頭から血を出して、何食わぬ顔をしている。地面に盛り上がったところがある。穴を掘ってパンを埋めて鼻で土をかけて隠し、鼻の頭を石の角にでもひっかけたのだろう血が出ていた。犬は食べ物を残して地中に埋めて空腹に備えるという習性があるが、この犬はほんとうにパンを隠したのである。当時の犬は、ドッグフードなんかはもちろんなく、人間の残飯を食っていた。ご飯の残りに、猫でもないのに鰹節をかけて醤油と水で薄めたようなものを食べさされていた。最高のごちそうは、すき焼きの残りに残飯をいれて水増ししたものである。すき焼きの残りといっても、糸コンニャクとネギが数本残っているような代物である。それをよろこんで食っていた犬が、鼻から血を出して隠したのが、給食の麦わら入りパンであった。

年に一度、親と一緒に給食を食べる、という行事があった。この時のメニューは妙によかった。母親は、そんなに悪くないのに、何で残すの、と不思議そうに言う。ところが、この親と一緒の給食の会の翌週の給食は最悪である。一週間、最低のメニューがならぶ。子どもでも、さすがに大人の仕掛けを見抜いたものである。藁入りのパンも、きっと業者が支給された小麦粉を増量するために、おそらくは横流しをしたのか、麦わらを刻んでいれたに違いない。これくらいのあて推量は、小学校の高学年になればできた。

教師は、もちろん一緒に給食を食べない。食べられそうなメニューの時だけ、一緒に教室で食べる。狙いはわかっている。残飯用のバケツに給食を棄てる生徒を見張るのである。給食を作ってくれる給食のおばさんの苦労を思えば棄てられないだろう、などと言う。ならば、毎日食べろよ、一緒に。一番に棄てにいくと睨まれるのはわかっている。けれども、あえていちばんに棄てにいけば、教室の英雄になれる。どちらを選ぶか、子どもなりの計算があった。教師の目線を意識して、いの一番に棄てに行くとき、教室から一斉に注がれる尊敬の目線を感じた。ヒーローだった。

給食を児童と一緒に食べないとき、教師はちょっと勉強のできるお気にいり児童に、店屋ものを注文させていた。教師にお覚えのめでたい同級生の仕事であった。先生の言うことなら、と真面目な生徒はお勤めを果たす。ここにも不正の臭いに気づいたのは、子どもとしては勘繰りすぎか。

というように、給食一つをとっても、教師と学校をめぐる大人の世界の胡散臭さは、高学年にもなると嫌が応にも見えたものである。こういうベビーブーマーが卒業していくと、校舎は新しくなり、理科の実験室や、給食準備室も設備が更新され、きれいになっていった。

大量のベビーブーマーがいる間は、戦後は終らなかった。戦争中から続いている給食を、進駐軍の援助物資のままに食べさせておいて、この塊が出て行けば、食器も新しくなったし、メニューも時代に合わせて改善された。ベビーブーマーは、このおきまりのプロセスに、中学、高校へいく頃には、慣れっこになっていた。ベビーブーマーは戦後の産物なのに、扱いは戦争中の残滓であるかのようであった。

戦後民主主義

ベビーブーマーの教科書は、戦後民主主義を基本に新しく作られていた。戦後すぐの、墨で塗ったものではない。天皇制を示す内容、たとえば日の丸を仰ぐ、という内容はありえないし、お父さんを尊敬しましょう、などという父権主義の標語もない。もちろん天皇崇拝もない。物心つく前に、天皇は人間宣言をしていた。平和と平等が基本であった。家庭科でも男女が同じように授業をうけて、料理も裁縫も男子児童はよろこんでしていた。新しい日本の男のモデルを実践するかのようだった。

それでも、名簿には男が先に載せられ、女が後半分に並べられていた。男は「君」で、女は「さん」だった。体育の運動服も、男と女とは違った。男は白い短パンだったが、女は黒いブルマーだった。平等といいながら、変な区別がある、と子どもながらに不思議だった。校長はいつも男だったし、学年主任も男だった。先生も、低学年には女性が多く、高学年は男性の教師だった。

大学に入って知ったのだが、いわゆる地方から都会にやってきた同級生は、男は丸刈りに詰め襟の学生服、女は三つ編みにセーラー服という姿で高校生をやっていたらしい。しかも、男子校で中高六年間、同じ校内で過ごしたことがなかったらしい。驚きであった。驚きと言えば、教師が生徒を殴ることもあったらしい。京都市内、とくにインテリの多い郊外で生れ育ったわたしのような「都会」の子には、教師が生徒を殴るなんて考えられなかった。教師は生徒に威圧的にならないようにしていたし、生徒もそれを見抜いていた。

漢字の送り仮名は、毎年のように変った。「明い」は、「明かるい」になり、卒業する頃に「明るい」になった。前年に覚えた送り仮名は、今年の試験では間違いにされた。

混乱は国語だけではない。はじめて地理を習った小学校三年生では、アフリカには独立国がほとんどなかった。中学になると、世界の国の数が一二〇ほどに増えていた。地理を習うたびに、新しい国の名前を覚えなければならなかった。植民地主義などという言葉を知らなくても、アフリカが白人支配から脱して、自由と独立を獲得しているとわかった。コンゴの内戦は新聞に載っていたし、自由と独立は一筋縄ではいかないこともわかった。

小学校の中学年の頃、近辺にあった植物園から米軍の姿は消え、市民に解放された。平和が社会を覆っていた。共産党は合法的活動を始めたし、労働運動も活発であった。毎年のように春闘があり、日本の経済成長にあわせて賃金は上がっていった。

平和で安定しているように見えても、事件は起っていた。社会党委員長の浅沼稲次郎が講演中に刺された。六〇年安保闘争で、東大生の樺美智子が機動隊のトラックに轢かれた(わたしは、教室の壁新聞に、「樺美智子を悼む」という特集記事を書いて、校長に呼び出された)。首相、岸信介も刺された。自由な表現を抑える動きは、平和の波の合間に時々大きなうねりとなって現れつつあった。

高校生の時には東京オリンピックがあり、大学に入ると大阪万博があった。戦後日本の復興と繁栄を形にあらわす祭典が次々に行われた。オリンピックはスポーツ・ナショナリズムを高揚させた。マラソンの円谷が、オリンピック・スタジアムで抜かれて三位になった時、ナショナリズムは最高潮に達した(日本という響きが、ニッポンと発音されて、はばかりなく聞ける機会となった)。後に、彼が自殺したというニュースに、ナショナリズムの犠牲という感覚は、はっきりとではなくとも伝わってきた。三波春夫の「オリンピック音頭」にも、同様のナショナリズムを感じた。アメリカン・ポップスとビートルズに慣れた耳には、いかにも古く響いたが、国家とは言わないけれども「日本の国」という言葉が浪花節のようなメロディーにのって歌われていた。なんでこんな音楽を世界に向けて発信するんだ、と恥ずかしく感じた。円谷を死に追いやったと同じ響きがあった。

東京オリンピックの頃、日本はまだまだ貧しかった。車の数も少なかったし、高層ビルも都会を覆っていなかった。一〇年後の大阪万博は、日本の繁栄の中で開かれた。オリンピックの時には、選手と役員の他に、それほど多くの外国人は日本にやってこなかった。大阪万博には、東京オリンピックに比べると多数の外国人がやってきた。つまり、外国人に自由に見せていい日本が増えていたのである。日本は、敗戦の疲弊から浮上して、発展途上国（当時は後進国と言っていた）から先進国の仲間に入ろうとしていた。新幹線は富士山とならんで自慢できたし、短いながらも高速道路（名神）もできた。もちろん、その上を走る車の数も増えた。しかも国産車である。

大学生も車の免許をとり、自分の車をたとえ中古でも運転し、ビートルズ、ローリング・ストーンズを流しながらドライブする、というのが、若者のレジャーになった。車は新しい自由を若者に与えた。

自由の終焉

学園紛争は、戦後民主主義の最高潮を示す現象であった。大学に入って、古い権威を倒し、新しい自由を獲得しようと、学生は「蜂起」した。結果的に、学園闘争と呼ばれたように、学園のなかだけのことだった。授業をボイコットし、老教授たちをつるしあげ、バリケードを築いて外部の権力を拒否した。

古びたノートで毎年同じ古びた講義をするな、と批判して、徹夜の団交をした。ノートが黄色いのは、老教授が授業前に便所に立ちより、ノートを便器に落としてもそれを平然とひろって教室へ行った、という噂がどこの大学にもあった。それほど黄色くなっていた、というのである。

社会を変革するといってストライキをし、バリケードで封鎖しても、町中はあいかわらず市電が走り、バス、タクシーが行き来していた。当時の京都には市電が走っていて、通勤通学の足であった。バリケードの横を、市電がのんびりと走っていたものである。これでは革命ではない。レーニンにならって前衛だと叫んでも、市民はいつもの生活を続けていた。パリ革命でも、騒いでいたのは一部のパリであって、多くの市民は異変に気がつかなかった、とか、レーニンは亡命先のスイスで、革命が起ったという知らせに驚いた、とか、ほんものの革命の逸話と比べても、学生の闘争はキャンパスのなかだけで、あまりに小さかった。

京都大学は、京都の北東を守る吉田神社に接している。吉田神社から見れば、境内に京都大学があとからできたのである。吉田神社では、節分に追難式《ついなしき》といって、豆まきをする。節分には、京都のどこにこれだけのと驚くばかりの数の善男善女、ほとんどが「古びた」老人だが、市電に乗ってやってきた。参道は大学の構内を横断して、道の両側には屋台がたち並ぶ。節分の三日間だけ、学生も機動隊も休戦であった。革命がもっとも憎むべき伝統的封建的宗教行事が平和に行われ、闘争のない時間と空間ができた。これは革命ではないだろう。

京都大学の封鎖が続き、全共闘の派閥が学生を集め、そのまわりを機動隊が取り囲み、野次馬の学生がキャンパスに通い（ふつうならそんなに熱心に学校へ行かないのに。この中の一人がわたしだった）、報道陣が取り囲んでいる。夜になると軽トラックの屋台が商売を始める。お好み焼き、たこ焼き、ホットドッグ、太鼓まんじゅう、ラーメン、と店がはじまると、学生も機動隊も行儀よく列を作って順番を待つ。立ち食いしながら、機動隊員が、今晩はあるんか、と学生に尋ねると、ぼくらはそんなことわからん、と返事している。どっちも下っ端はつらいなあ、と共感のようなものが流れる。やはり革命ではないだろう。

ストライキを歓迎し、封鎖を喜んだ学生たちも、さすがにこのままではいかんだろう、とばかりに、事態の収拾へと動いていった。大騒ぎをして何が変ったか、というと、何も変わらなかった。変わったことが一つだけあった。時間割の一時間の枠が、二時間から一時間半に減った。二時間あるべきものを一時間半で片付けるのだから水増しのように思えるけれども、元々、休み時間を設けずに二時間ごとに区切ってあったのだから、教師は適当に遅れてやってきて早く切り上げて講義を終わっていた。一時間半も講義していなかったただろう。便器の中で黄色く染まった講義ノートのままで、新しい時間割の一時間の枠の講義をしてもなんら問題はなかった。教師はあいかわらず、遅く来て早く帰っていった。すべては日常に戻っていった。キャンパスに広がった無秩序という「自由」は、枠のなかの「自由」へ鋳直された。この「新しい自由」に入ってきた「紛争に遅れた」後輩たちは、革命のむなしさを知ったのか、「しらけ」世代と呼ばれた。

闘士たちも日常にもどり、官僚とか会社員とかの地位を求めて、好景気に沸く世間へ入って、「大人」になっていった。わたしがいた文学部の浮世離れした学問に見切りをつけ、法学部へ移って弁護士へと転身した同期生もいた。抑圧だ、革命だ、真の自由だと叫んだ学生たちは、枠の中の落ち着いた「自由」を求め、安定した人生を選んでいった。

洋食の衝撃

洋食なるものをはじめて口にしたのはいつどこでだったたか。小学校に上がる前の、百貨店の大食堂であったろう。大食堂は最上階にあって、その上の屋上には遊園地があった。いまの百貨店には、大食堂はない。遊園地もなくなった。うどん、そばから、お子様ランチ、中華そば、オムライス、トンカツ、うな丼、要するに、家族でやってきて銘々のほしい物がすべてそろうのが百貨店の大食堂であった。かき氷、アイスクリーム、ソフトクリーム、といった冷たいデザート類から、コーヒー、紅茶、ソーダー水、サンドウィッチなどの軽食もそろっていた。Aランチとかランチとかがあり、たいていはBランチのほうが高かった。ご飯はお皿にのせてあり、メインの皿には、キャベツの千切りのサラダにパセリがのって、海老フライとかチキンカツとかが座っていた。子どもにはお子様ランチである。ケチャップライスが丸い型でぬいてあって、なぜか外国の旗が立っていた。ケチャップでいためたスパゲッティがくるくるとまいて添えてあった。さて、好きなメインはなんだったか。海老フライだったか。ハンバーグはまだなかったはずである。

母親は漬け物を家で漬けていた。冬には大根を樽につけ、夏は「どぼ漬け」（京都では夏、茄子や胡瓜を糠の床につける。一夜漬けである）、というように食卓には漬け物があった。野菜は近くの農家がリヤカーに積んで売りにきたし、豆腐も自転車でリヤカーをひっぱって売りにきた。琵琶湖からはシジミ（瀬田シジミ）を売りにきていた。はしごどうどす、と言う大原女《おはらめ》（京都では、ハタノバ、と言う）も来た。ピーっと音を立てて、ラオ仕替屋（煙管の中間にある竹のパイプを掃除する商売）がまわってきたこともある。これは当時でも珍しかった。

母親が、近所にできた料理教室へ行って、骨つき鶏もものローストを習ってきた。パリッと焼けた皮にジューシーな肉は、これまで食べた百貨店の洋食とはちがった味だった。ハンバーグも習ってきた。たかがミンチを焼いただけでこれほどの味がするのかと、贅沢を味わった。それまで、めったになかったことだが、町の食堂（レストランと呼ばれる店はなかった）や百貨店の大食堂で食べていた豚カツやオムライスとは違った味であった。洋食と思って食べていた高級な食べ物には、日本の味がしていた。

一人で留守番をするとき、晩飯代に貰った金で、ステーキ肉を買ってきて自分で焼くこともあった。ちょっとした贅沢であった。小学生（中学生になっていたか）が一人で留守番をするご褒美でもあった。家によく来たアメリカ人の大学院生（今ではカリフォルニア大学バークレー校の名誉教授である）が、あるとき、ビーフステーキをおごってくれた。ビフテキではない。小さなカウンターの店だった。二、三センチはあろうかという分厚い肉だった。アメリカ人の食うビーフステーキは、こんなに分厚いものかと衝撃であった。留守番のご褒美にと食べていたビフテキは薄かった。一ドル三六〇円の時代である。その院生は、財布に千円札をぎっしりと詰めていた。アメリカとの差は歴然だった。分厚い肉の衝撃とともに、あの西部劇を作るアメリカは、これほどに金持ちなのだと思った。

このアメリカ人は、カリフォルニア大学バークレー校の准教授になり、さらに教授になり、研究費をとっては日本に何度もやってきた。やってくるたびに円は強くなり、日本が金持ちになって生活しづらい、とこぼしていた。それでも、数年おきに日本へ研究にやってくる。研究のために授業を休めるサバティカルという「制度」には感心した。日本の大学教授で、ヨーロッパやアメリカ、あるいはアジアやアフリカを専門にしていて、数年に一度は一年の長期滞在の研究のために勤務校を留守にするなど、考えられない。せいぜい、一生に一度、研究費と授業の免除をもらってでかけていくだけだった。日本が金持ちになった今でも変らない。夏休みなどを利用して、短期間に資料を集めに行くのが精一杯である。大学教授という同じ名前で呼ばれながら、アメリカの教授は研究者であり、日本の教授は教師である。カテゴリーが違うから、扱いが違う。肉を焼いても、分厚いビーフステーキと薄いビフテキの違いのようである。

アメリカン・ポップスが七〇年代の演歌になったように、オリジナルにみえる日本の流行歌は一枚めくると「アメリカ」があった。学園紛争もstudent movementの「輸入」であった。研究も、どのみち「輸入」なら、サバティカルがなくてもできるだろう、ということなのかもしれない。サバティカルまでは輸入してくれないのである。

（つづく）

第３章

寄る辺のない若年男子
——若年層における孤立問題の男女比較から

平野孝典

男性と孤立問題

二〇一〇年の新語・流行語大賞に「無縁社会」という言葉がノミネートされたように、日本社会において「孤立」という問題が広く注目を集めている。ＮＨＫで放送され、後に書籍にもなった『無縁社会』（二〇一二年、文春文庫）では、理由はさまざまであるものの、故郷、会社、家族に頼ることができない人々、さらにその結果として孤独死に追い込まれた人々の姿が克明に記されている。

読者のなかにも、放送や書籍を通じて、自らの老後に不安を感じた方も多いのではないだろうか。実際、私もその一人である。私は現在三一歳であり、老後の心配をするのはまだ早いとお叱りを受けそうだが、二つの理由から暗澹たる気持ちになってしまった。

最初の理由は、私が男だからである。『無縁社会』など、孤立をテーマにした本を読むと、今の日本社会全体が孤立の危機に晒されているという気持ちになる。しかし、すべての人々が平等に孤立の危機に晒されているわけではないのだ。『無縁社会』に取り上げられた事例の多くは、男性である。たまたま取材の過程でそうなっただけかもしれない。しかし、不安に駆られて孤立に関する研究を調べてみると、どうやら男性は女性よりも孤立状態に陥りやすいのは確かなようである。実のところ、『無縁社会』が私たちに突き付けたもの、それは男性の孤立問題だったのではないだろうか。

危機に直面する若年男子

二つ目の理由は、私がまだ若いからである。孤立問題というと、独り身で無職の高齢者の問題というイメージをお持ちの方も多いだろう。そのイメージはそれほど大きく間違ってはいないのだが、将来的に現在の若者世代は、より深刻な孤立問題に直面する可能性がある。この点については、少し説明が必要だろう。

社会学者の宮本みち子が指摘するように、現代の若者にとって「安定した職に就き、結婚し、子どもを育てる」という人生の道筋は、狭く閉ざされたものになりつつある。安定した職を持つことや家庭を築くこと、言い換えれば社会集団に所属することは孤立を防ぐ重要な方策である。いわば社会集団は人々を保護する安全網（セーフティネット）なのである。しかし、少なくない若者は、その安全網から零れ落ちつつある。

不安定な非正規雇用に従事する若年層の男性はもはや珍しくない。二〇一四年には、二〇～三九歳の男性雇用者のうち、およそ五人に一人（一八・〇％）が非正規雇用に従事していたのである（総務省「労働力調査」）。いわゆる「主婦パート」が含まれる女性では、非正規雇用者は雇用者全体の四五・五％を占める（未婚女性に限定すると、三九・四％）。もちろん、正規雇用だからといって将来安泰というわけではないが、社会学者の太郎丸博が指摘するように、正規雇用の方が非正規雇用よりも所得や地位・身分の面で安定していることは明白である。

同じように、結婚も若者にとっては縁遠いものになりつつある。国立社会保障・人口問題研究所によれば、二〇一〇年における生涯未婚率（五〇歳時点の未婚率）は、男性二〇・一％、女性一〇・六％である（『二〇一四年版人口統計資料集』）。現時点でも男性の五人に一人、女性の一〇人に一人は結婚をしていない計算になる。さらに、『平成二二年版厚生労働白書』の推計によれば、二〇三〇年には、生涯未婚率は男性二九・五％、女性二二・六％にまで上昇すると予想されている。つまり、今から一五年後の日本社会では、男性の三人に一人、女性の五人に一人は独身であると予想されているのである。

このように、さまざまなデータは、若者の置かれている厳しい状況を示している。現代の若者たちは不安定な状況にあるがゆえに他者からの援助やサポートを必要とするが、それらを得ることはますます難しくなっているのである。

このような状況は、ただでさえ孤立傾向の強い男性には深刻な影響を与えるだろう。会社や家族に頼ることのできない若者たちにとって、鍵を握るのは友人である。しかし後述の通り、孤立に関する諸研究は、男性は女性よりも家族を頼りにする傾向が強い一方で、友人など家族外の人間関係にはあまり頼ることはできない傾向があることを明らかにしている。若年男子は孤立の危機に直面しているといえるだろう。

若年男子の孤立の実態把握

以上のように、孤立という面からみたとき、若年男子の未来は明るいとはいえない。どうも父母や祖父母の世代よりも孤立の可能性は高まっているように思えてならない。とはいえ、ただ不安に駆られたり、あるいは不安を煽ったりすることは慎まなければなるまい。そもそも、どの程度の若者が孤立状態に陥っているのだろうか。実はこの点についての調査は多くはない。これまでの孤立研究は、高齢者の孤立に関しては多くの研究を蓄積してきたが、若者の孤立の実態についての研究は多いとはいえないのである。まずは、若年男子の孤立についての基礎的な事実を確認する必要があるだろう。

そこで、この章ではデータに基づいて、若年男子の孤立の実態をみていきたい。具体的には、（1）若年層において孤立者はどのくらい存在するのか、（2）男性の方が女性よりも孤立状態に陥りやすいのか、（3）男性は女性よりも友人に頼ることができないのか、という三つの点を確認していく。

次節では、本格的な議論に入る前の準備作業として、孤立の捉え方や孤立はなぜ問題なのかという点について、簡単に整理する。

孤立とは何か

実は孤立の捉え方についてさまざまな立場があり、研究者のあいだで定まった考え（定義）は存在しない。このように断ったうえで、社会学者の石田光規の論文「孤立する人々の特性」（二〇一三年）を参考にして、以下のように整理してみたい。

まず、孤立は「孤独」とは異なった現象である。端的にいえば、孤立とは「人間関係を喪失した状態」のことであり、孤独とは「人間関係の欠損または消失により生じる否定的な意識」のことを指す。つまり、孤立状態から生まれる、「寂しさ」や「やるせなさ」といった意識が孤独だということである。さしあたっては、孤立は客観的な現象であり、主観的な現象である孤独とは異なる、という点を押さえてほしい。

もう少し孤立について詳しくみていこう。「人間関係を喪失した状態」とは具体的にはどのような状態だろうか。まず考えられるのが、「人付き合いが極端に少ない」状態である。

家族や親戚、友人、近所の人などとの付き合いが極端に少ない人のことを「孤立している」と捉えることに異論は少ないだろう。学術的な研究では、家族や友人と会う頻度や電話・メールをする頻度などを尋ね、調査対象者の人付き合いの程度を得点化するという方法がとられる。そして、この得点が低い人を「孤立者」とするのである。

これに対して、孤立に関するもうひとつの立場は、「困ったときに助けてくれる人がいない」状態を孤立と捉える。言い換えれば、他者からのサポートを得られない状態を、孤立とみなすのである。いわば、単純に人付き合いが多いか少ないか、という点に注目するのではなく、その質・内容に注目するのである。たとえば、たくさんの人間と付き合いがあったとしても、困ったときに助けてくれる人が誰もいない、ということは十分に考えられる。おそらく、このような人のことも私たちは「孤立している」とみなすだろう。また、人付き合いが少なくても、困ったときに助けてくれる人がいる場合、私たちはその人のことを「孤立している」とみなすことはないだろう。

この二つの立場のうち、どちらが優れているということはないものの、この章では後者の立場をとりたい。つまり、「困ったときに頼りになる人がいない」状態を孤立状態とみなし、そのような状態にある人のことを「孤立者」であるとしよう。

この捉え方には、孤立している人とそうでない人を簡単に区別することができるというメリットがある。また、単純に人付き合いが少ないことよりも、誰の助けも得られない孤立無援の状態の方が、状況としてより深刻だろう。したがって、より深刻な状況にある若者の実態を把握できるというメリットもある。

「孤立」はなぜ問題なのか

以上のように、孤立した状態にあるということは、他者から何の助けも得られない状態のことである。このような状況が個人に悪影響を与えることは容易に想像できるだろう。アメリカの社会学者であるD・アンバーソンとK・モンテスによれば、多くの研究で孤立は精神的・肉体的健康を悪化させ、死亡リスクを高めることが明らかにされているという。これによれば、孤立は個人に悪影響を与えるため問題であるという考え方は、とても説得力があると思われる。

もちろん、そのようなリスクを承知でもなお、一人で生きることを望む人もいるかもしれない。そもそも孤立を問題とする考え方は、個人の生き方の自由を軽視しているという批判も可能である。しかし、石田光規はその著書『孤立の社会学』（二〇一一年、勁草書房）において、孤立している人ほど、生活に満足している人が少ない傾向があると報告している。このことは、孤立した人生を送ることに満足している人間は少ないということ、つまり好き好んで孤立を選択する人間は少ないということを意味しているのではないだろうか。

また、孤立は社会的な格差・不平等とも密接な関係があるようだ。社会学者の菅野剛が明らかにしたところでは、職業的地位や学歴、さらに所得が低いほど、孤立のリスクは大きくなる傾向があるという。このことは、孤立の問題は個人の生き方や好みの問題というよりも、社会的な格差・不平等の問題であることを意味していよう。

改めて整理すると、孤立は人々の健康を蝕む。また、孤立者はその生活に満足しておらず、好んで孤立状態にあるわけではない。さらに、孤立問題は社会的な格差・不平等の反映でもある。したがって、実態を把握するうえで孤立は問題であるという立場をとることに、それほどの無理はないと思われる。以上の整理をふまえて、本論に入っていこう。

男が孤立に陥りやすいという根拠

これまでの孤立研究を振り返ってみると、男性は女性よりも孤立に陥りやすいことが繰り返し確認されていることがわかる。まず、海外の研究結果を紹介しよう。アメリカの社会学者であるG・ムーアは、一九八五年に実施されたアメリカの代表的な社会調査データ(General Social Survey)を分析し、男性は女性よりも困ったときに相談する人数が少ないことを明らかにしている。同じくアメリカの社会学者であるM・マクファーソンらは、二〇〇四年に実施された継続調査でも同様の結果が得られたと報告している。つまり、アメリカでは、約二〇年の時を経ても孤立の男女格差が維持されていたのである。

日本においても、男性の方が女性よりも孤立しやすいという調査結果が存在する。石田光規の『孤立の社会学』での分析によれば、男性は女性よりも「悩みを相談できる人が一人もいない」と答える者が多いのである。また、石田は男女別に孤立の原因を分析している。これによると、男性は結婚によって、女性はサークルなどの団体に所属することにより、孤立を回避していることが明らかされている。

さらに、日本の男たちは東アジアのなかでも孤立しやすい傾向があるようだ。社会学者の伊達平和は日本、中国、韓国、台湾における孤立の実態を分析した。その結果、日本は韓国と並んで、男性の孤立傾向が強い地域であることが明らかになった。すべての地域で男性は女性よりも「過去一年間に、必要な時に心配事を聞いてくれた人がいなかった」と答える者が多いのだが、特に日本と韓国は男性の孤立者が多く、男女差も大きいのである。

「男らしさ」が男を孤立させる

このような事実から、石田光規は男性を「関係弱者」と呼んでいる。では、なぜ男性は「関係弱者」となってしまうのだろうか。その大きな理由として、性役割に関する規範があげられる。石田が指摘するように、性役割に関する規範は、男性に「男らしく、強くあること」、そして女性に「女らしく、優しくあること」を求める。

本書の執筆者の一人である伊藤公雄氏は、この「男らしさ」という文化的規範の存在が男性を「相談できない男」にしてしまうと指摘する。つまり、「男は、弱みをみせてはならない」、「男は、自分の感情を表に出してはならない」、「男は、がまんしなければならない」といった「男らしさ」の縛りが、悩み事を相談するという営みから男性を遠ざけているのである。「悩み事は何もない、心配ご無用」という態度をとっているうちに、周囲からのサポートを受けられなくなってしまう、そのような男たちの姿が浮かび上がってくるようである。

さらに、一般的にいって男性は男性同士、女性は女性同士で友人になりやすい傾向がある（こういった人間関係の傾向を同類結合の原理という）。つまり、男性は悩みを打ち明けることをタブー視する者同士で友人関係が形成されやすく、友人同士でますます「相談できない男」となってしまう。うっかり悩みなどを打ち明けてしまえば、彼は「弱い男」とみなされ、尊敬や信頼を失うことになる。この恐怖や不信が、困ったときに頼りになる人間関係を形成することから男性を遠ざけているとも考えられる。

対照的に、女性は「優しくあること」つまり、悩みや心配事を聞いて、精神面でのサポートを提供することが期待されている（このような役割をケア役割という）。つまり、女性は男性よりもサポートを得やすい、孤立しにくい人間関係を形成しやすい立場にあるといえる。

また、「男らしさ」の規範によって、困ったときの相談相手にも男女差が生じる。石田によれば、男性の場合、相談事を聞いてくれる相手は基本的には家族（配偶者）が中心となるが、女性は家族だけでなく、親族や友人も相談事を聞いてくれる相手として回答する者が多いという。つまり、女性の方が多様な相談ネットワークをもっているのである。その結果、男性は家族（配偶者）との関係が悪化すると、それが孤立の危険に直結することになる。反対に、女性は多様な相談ネットワークをもっているため、誰かと関係が悪化しても、それによって孤立の危険が高まる可能性は比較的小さくなる。

以上のように、「男らしさ」の規範の存在によって、男性の方が女性よりも孤立しやすい理由を説明することができる。それでは、若年層においても、男性は女性よりも孤立しやすいという傾向はみられるのだろうか。

無視できない若年層における孤立者の規模

ここからは、日本を代表する全国規模の社会調査の一つである、日本版総合的社会調査の二〇一〇年調査（JGSS-2010）を用いて、若者たちの孤立の実態を確認していこう。[1] なお、以下の分析では、二〇～三九歳を「若年層」とする。

JGSS-2010には、「過去一年間、必要なときに心配事を聞いてくれた人はいますか」という質問項目がある。この質問に対し、「はい」と答えた者が非孤立者、「いいえ」と答えた者が孤立者である。この質問のメリットは、実際に他者からのサポートを得られなかった経験を尋ねている点である。つまり、このデータを用いることで、サポートが必要であるにもかかわらず、それが得られなかったという深刻な状態にある若者の実態を把握することができるのである。

まずは、若年層（二〇～三九歳）全体の傾向を確認していこう。表３-１からは、「心配事はなかった」と答えたのは一二・三％に過ぎず、若年層の大部分は何らかの悩みを抱えていることがわかる。そして、必要なときに心配事を聞いてく

表3-1　必要なときに心配事を聞いてくれた人はいますか（男女計）

	全体		心配事があった	
	人数	%	人数	%
はい（非孤立）	493	80.0	493	91.3
いいえ（孤立）	47	7.6	47	8.7
心配事はなかった	76	12.3	—	—
合計	616	100	540	100

注1）20-39歳の男女の結果
注2）丸めのため各カテゴリーの%の合計は正確に100にならない。

れた人がいないという孤立者は全体の七・六％、心配事を聞いてくれたという非孤立者は全体の八〇・〇％を占めている。また、心配事があったという層に限定すると、孤立者は八・七％、非孤立者は九一・三％となっている。

以上の結果は、若年層において、困ったときに誰にも頼りにできない人、つまり孤立している人は決して少なくないことを示している。必要なときにサポートを得られなかった人は、一％や二％という規模ではなく、それなりのボリュームをもって存在しているのである。

若年男子の九人に一人は孤立状態にある

それでは、男性の方が女性よりも孤立しやすいのだろうか。表3-2には男女別に「必要なときに心配事を聞いてくれた人はいますか」という質問への回答結果を示した。ここから、男性の一一・六％は孤立状態に陥っているのに対し、女性における孤立者はわずか四・四％にすぎないことがわかるだろう。男性のおよそ九人に一人、女性のおよそ二三人に一人が孤立状態に陥っている計算になる。若年層においても、男性は女性よりも孤立状態に陥りやすいようである。

また、興味深いのは「心配事が無かった」への回答も、男性の方が女性よりも多い点である。このことは、単純に男性の方が女性よりも心配事の少ない快適な生活を送っていることを意味するのだろうか。それとも、ここにも「悩みや心配事でくよくよするのは、男らしくない！」という「男らしさの規範」が作用し、「心配事がある」と答えることを妨げているのだろうか。この点は非常に重要だと思うが、問題を単純化するために、以下では「心配事が無かった」と答えた者は除いて、分析を進めていくことにしたい。

さて、図3-1は「心配事が無かった」と答えた者を除いて、男女別に孤立者と非孤立者の割合を示したものである。これをみると、孤立者の割合は男性では一四・六％と一〇％を超えているのに対し、女性でわずか四・七％となっている。これは心

表3-2　必要なときに心配事を聞いてくれた人はいますか（男女別）

	男性		女性	
	人数	%	人数	%
はい（非孤立）	187	67.5	306	90.3
いいえ（孤立）	32	11.6	15	4.4
心配事はなかった	58	20.9	18	5.3
合計	277	100	339	100

注1）20-39歳の結果
注2）カイ二乗検定の結果、1％水準で有意

配事を抱えた男性のうち、およそ七人に一人は誰にも相談できない状況に追い込まれている計算になる。これに対して、女性ではそのような境遇にあるのはおよそ、二一人に一人に過ぎない。

なお、この傾向は他の年齢層でも確認できる。年齢層を若年層（二〇～三九歳）、中高年層（四〇～六四歳）、高齢層（六五～八九歳）に分け、男女別の孤立者の割合を比較したのが図3-2である。すべての年齢層において、男性の方が女性よりも孤立者の割合が多いことがわかるだろう。人生のどの段階においても、必要なときに誰にも相談できない状態に陥りやすいのは、女性よりも男性の方なのである。[2]

また、孤立の男女格差の大きさは年齢層によって異なる。女性孤立者の割合を一とした

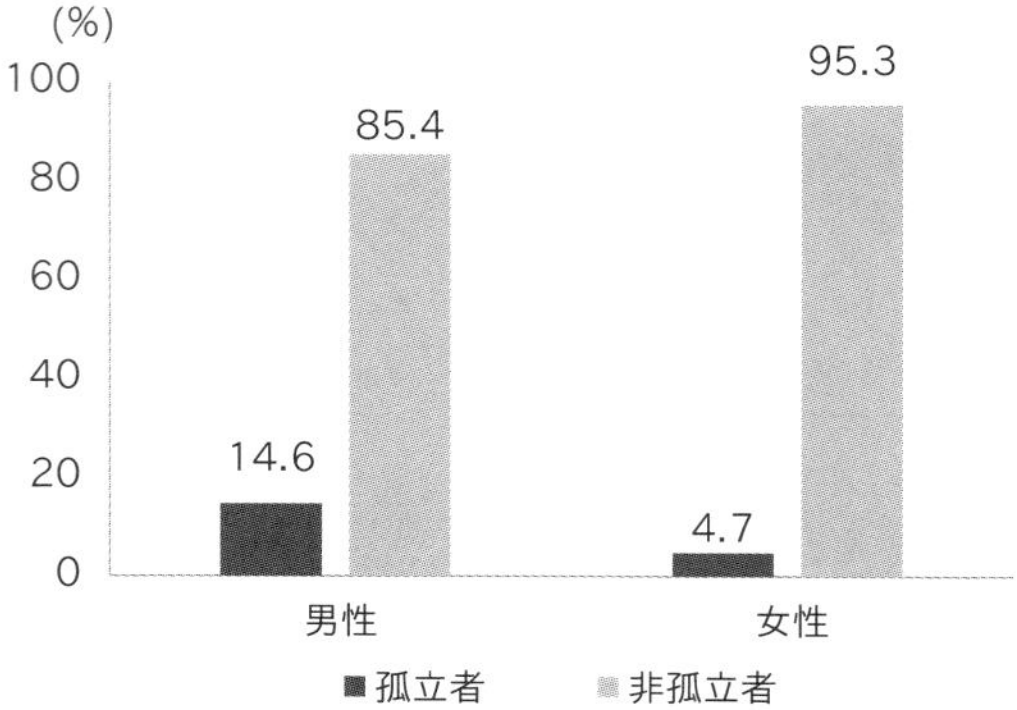

注1）20-39歳の結果（「心配事が無かった」を除く）
注2）カイ二乗検定の結果、1％水準で有意
図3-1　男女別にみた若年層における孤立の実態

ときの男性孤立者の割合を計算すると、若年層は三・一、中高年層は四・七、高齢層は二・五となる。男女差は中高年層でもっとも大きく、高齢層ではもっとも小さくなっている。孤立の男女格差は中高年でもっとも深刻になるということである。また、若年層における孤立の男女格差は、高齢層よりも大きくなっている点も非常に興味深い。男性の方が女性よりも孤立状態に陥りやすいという傾向は、人生の早い段階からみられるようである。

このように、若年層においても、男性は女性よりも孤立状態に陥りやすい。データからは、男性のおよそ九人に一人が孤立状態にあることが明らかになった。これを心配事を抱えた男性に限定すると、七人に一人は誰にも相談できない状況に陥っているということになる。これに対し、女性の場合、孤立者は二〇人に

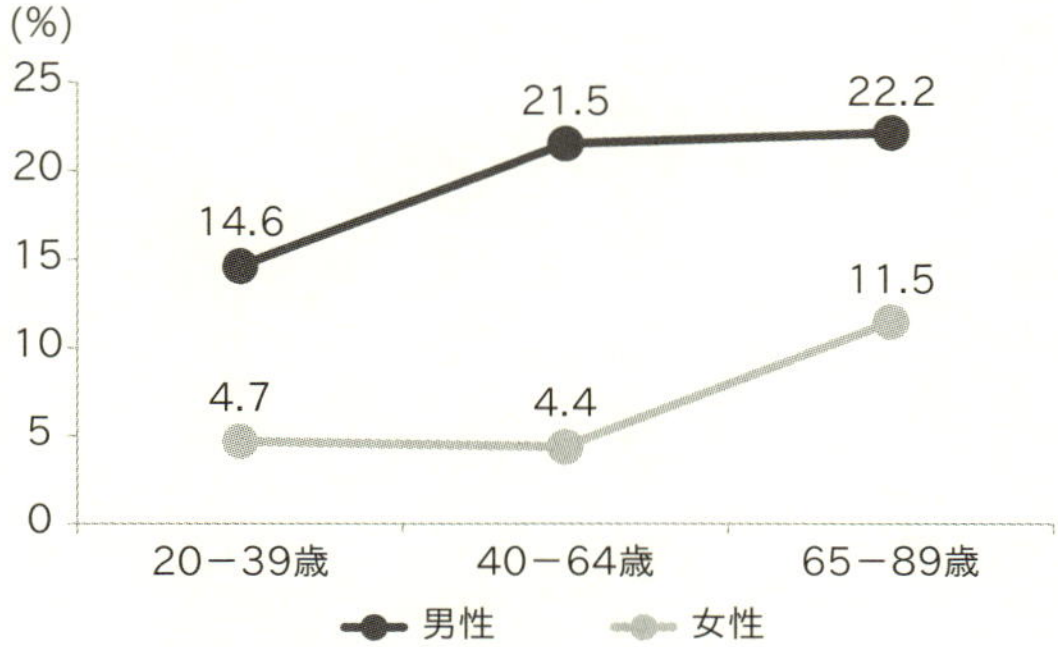

注１）「心配事はなかった」を除く
注２）年齢層別にカイ二乗検定をおこなった結果、すべて１％水準で有意

図3-2　性・年齢層別にみた孤立者の割合

一人にも満たない。もちろん、女性における孤立問題が深刻でないという訳ではないが、男女で比較すると、男性における孤立問題の深刻さには驚かされるだろう。

男性は相談先が少ない

ここからは、実際に相談に乗ってくれた人は誰か、という点についてみていく。すでに触れたように、男性は女性よりも家族（配偶者）に特化した相談ネットワークを築いており、家族の喪失や関係の悪化が孤立のリスクを高めると推測されている。これに対して、女性は親族や友人などの幅広い範囲のネットワークを持っていることから、男性よりも孤立に陥りにくいと解釈されている。このような傾向は、若年層にもみられるのだろうか。

データは引き続き、JGSS-2010である。この調査では、上述した質問に対して、「はい」と答えた人については、次のように実際に相談に乗ってくれた人を尋ねている。相談相手としてあげられているのは、「同居家族」・「その他の家族」・「職場の人」・「近所の人」・「友人」・「専門職の人（カウンセラー・ヘルパーなど）・「その他」である。回答は「あてはまる人すべて」を答える複数回答である。なお、相談相手として「その他」を選択した回答がなかったため、分析からは除外している。

このように、同居家族から専門職まで六つの相談相手が選択されているが、平均していくつの相談相手を選択していたのだろうか。計算すると、男性は平均して一・六の相談先を有しているのに対し、女性は二・二の相談先を有していることがわかった。大きな差ではないものの、統計的には意味ある差である（t検定の結果、一％水準で有意）。女性は男性よりも、相談先が多様なのである。[3]

もう少し細かくみていこう。表3－3には、男女別に相談先の数を示した。この表からは、まず男女とも二つの相談先をもつ者がもっとも多いことがわかる。次に、相談先が三つ以上になると、男女の差が大きくなっている。男性は女性よりも三つ以上の相談先をもっている者が顕著に少ない。さらに、男性は女性よりも相談先が一つしかない層が多い傾向がみてとれるだろう

まとめると、男性は女性よりも相談先が少ない。女性と比較する

表3-3　男女別にみた相談先の数

	なし	1つ	2つ	3つ	4つ	5つ	合計
男性	14.6%	32.0%	34.2%	16.9%	2.3%	0.0%	100%
女性	4.7%	21.2%	39.3%	24.9%	8.7%	1.2%	100%
合計	8.7%	25.6%	37.2%	21.7%	6.1%	0.7%	100%

注1）20-39歳の結果（「心配事が無かった」を除く）
注2）男性：219人　女性：321人　合計：540人

男性は相談先が少ない

と、男性は相談先が一つしかない者が多く、複数の相談先をもっている者が少なかった。ここから、相談相手との関係が悪化した場合、男性は女性よりも孤立に陥る可能性を高めると考えられる。これに対して、女性は相談相手が多様であり、その可能性は相対的に小さくなると考えられる。たった一つの相談先にしか頼れない男性の多さは、男性の孤立しやすさを考えるうえでも重要だと思われる[4]。

男性は友人を頼りにできない

では、具体的に男女で相談相手がどのように異なるのだろうか。男性の傾向として、女性よりも家族を中心とした相談ネットワークを築く傾向が強いと指摘されていたが、若年層にもそのような傾向はみられるだろうか。

図3-3には、男女別に選択された相談相手の割合を示している。この図から、いくつか重要なことがわかる。まず、男女ともに主要な相談相手は、同居家族と友人である。同居家族は男性の五六・六％、女性の六五・七％が選択し、友人は男性の五七・五％、女性

は実に七六・六%が選択している。女性では同居家族よりも、友人が重要な相談相手となっていることがわかる。

次に、女性の相談ネットワークは男性よりも豊かである。このことは、職場の同僚を除くすべての項目で女性の選択率が高いことからみてとれるだろう。同居家族では、男女ともに五〇%以上が相談相手として選択しているが、その割合は女性の方が一〇ポイントほど高い。女性と比較した場合、男性は同居している家族にも相談事を打ち明けられないという傾向を読み取ることができよう。

その他の親族については、男性は一五・五%しか相談相手として活用していないにも関わらず、女性では倍近くの三二・七%が相談

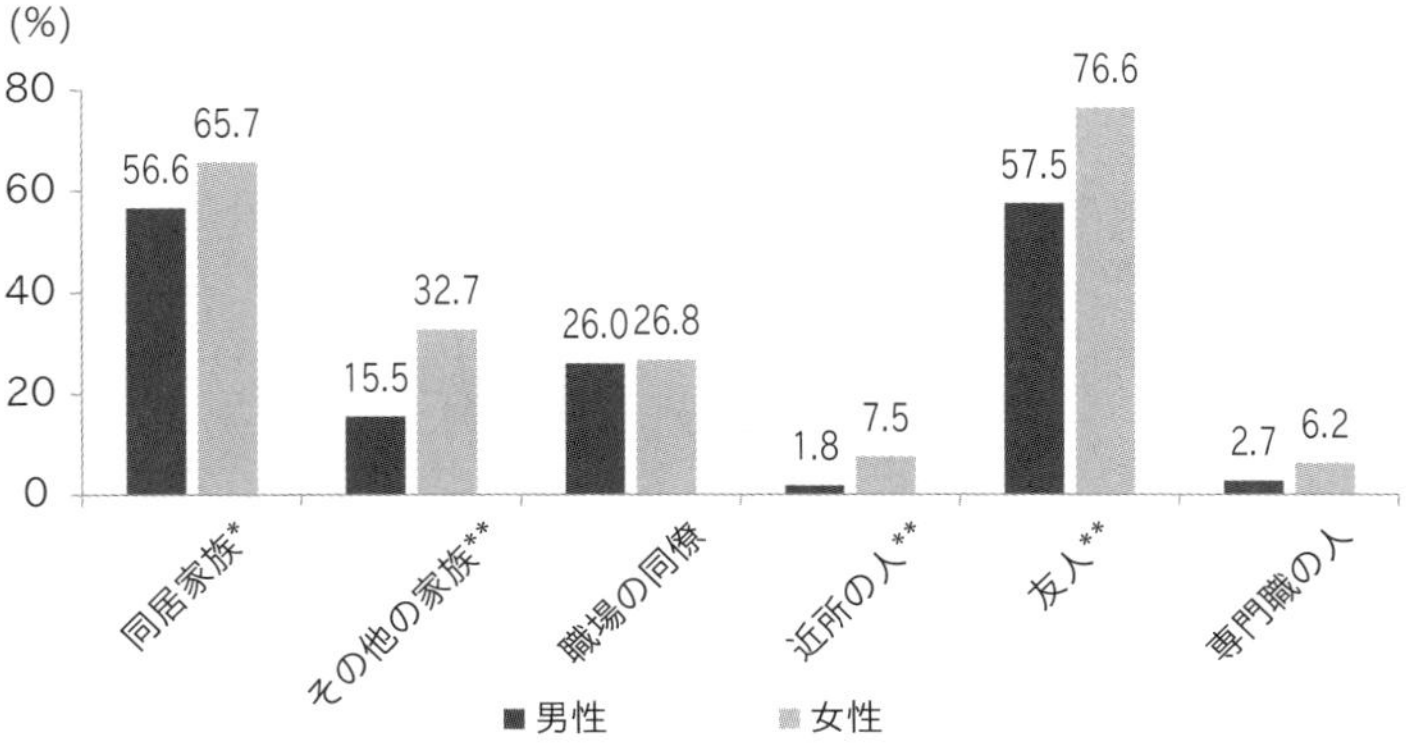

注1）20-39歳の結果（「心配事が無かった」を除く）
注2）**:カイ二乗検定の結果、1%水準で有意、*:カイ二乗検定の結果、5%水準で有意

図3-3　男女別にみた心配事の相談相手の違い

男性は友人を頼りにできない

相手として活用している。つまり、女性は同居していない家族（おそらく、きょうだいや親戚、親など）を相談相手として活用している一方で、男性はその活用がうまくいっていないのである。

近所の人に関しては男女とも選択した者はごくわずかである（男性　一・八％、女性　七・五％）。しかし、男女の差は大きく、ここでもやはり、女性の人間関係の豊かさが伺える。

最後に、友人については、男女とも高い値を示しているが、女性の値は男性よりも二〇ポイント以上も高い。友人に関しても、男性は女性ほどうまく活用できていないことがみてとれよう。ここで同類結合に関する議論を振り返るなら、男性は男性と友人になる可能性が高い。どうも相談によって同じ男性に「弱み」を見せたくないという傾

最近、車を買ったんだ！
本当はローンが大変なんだけど…

向は、若い男性においてもみられるようである。これに対して、そのような縛りのない女性は、友人を相談先としてうまく活用できている。

以上のように、男女とも同居家族と友人を中心とした相談ネットワークを形成しているものの、女性は男性よりも同居家族・友人からのサポートに恵まれ、同時に同居していない家族・友人・近所の人など多様な相談相手にも恵まれているということがわかった。

分析から明らかになったこと

ここまで若年層における孤立の実態についての基礎的な事実を確認してきた。明らかになったことを整理すると、三点にまとめることができるだろう。

第一に、二〇歳から三九歳の男女のうち、困ったときに実際に相談を聞いてくれる者がいなかったという人は、七・六%存在することがわかった。若年層のおおむね一三人に一人は、必要なときにサポートを得られなかったという深刻な状態にある。孤立というと「独居老人」問題など、高齢者の問題として認識されやすい傾向があるが、実は若年層においても決して他人事とはいえないのである。

第二に、若年層においても、男性の方が女性よりも孤立しやすいことがわかった。若年男性のおよそ九人に一人が孤立状態にあり、心配事を抱えた男性に限定すると、七人に一人は孤立状態に陥っていることがデータから示されたのである。これに対し、女性の場合、孤立者は二〇人に一人にも満たず、明確な男女差がみられた。これまでの研究でも男性の方が女性よりも孤立状態に陥りやすいことは明らかにされてきたが、若年層に限定しても、このような傾向は存在するのである。

第三に、男性は女性よりも友人に頼ることができていないことがわかった。心配事の相談先について分析したところ、男女とも相談相手は同居家族と友人が中心だが、女性は男性よりもうまく友人を活用しており、また同居していない家族や近所の人までネットワークを広げてい

た。若年層においても、男性は女性よりも相談先が少なく、相談ネットワークは脆弱であるといえる。

「相談できない男たち」の行く末

このように、若年男子の孤立問題は楽観視できる状況ではない。深刻なのはやはり、男性の相談先が（同居）家族を中心に形成されている点だろう。具体的に家族の誰に相談しているかまでは分析できなかったが、おそらく親か配偶者がほとんどだと思われる。このうち、未婚率の趨勢を考慮に入れると、配偶者（妻）を相談相手とすることはますます難しくなる。そもそも結婚できないかもしれないからだ。また、親については、存命中はともかくとして、親が死亡したらどうするのか。さらに、親も年をとるわけであり、介護という問題も浮上する。いつまでも親に頼ってはいられないのである。このように考えると、家族を中心とした相談ネットワークに依存することは、将来的な孤立の危険性を回避するどころか、かえって深刻化しているようにすら思える。

おそらく、鍵になるのは友人づきあいである。友人を相談相手として活用できるか否かに、若年男子の孤立問題の今後がかかっているといってよいだろう。男性が男性の友人を相談相手として活用できないのは、ひとつには相談することで「弱さ」を見せたくないためであった。さらに、悩みや心配事を聞くというケア役割を担っていないため、そもそも相談相手として期待できない（質の悪いサポートしか得られない可能性がある）という事情も考えられる。このあたりの問題を克服できれば、男性の孤立問題の深刻さは、少しは和らぐだろう。

しかし、これは容易なことではあるまい。男性が男性の友人を相談相手として活用できないのは、すでに述べたように「男らしさの規範」に影響されている可能性がある。この規範の影響を和らげる特効薬のようなものは、おそらく存在しないだろう。実際、社会学者の多賀太は、若い男性の間にも伝統的な性役割へのこだわりが根強く残っていることをインタビュー調査から明らかにしている。若年層においても、「男らしさ」へのこだわりを捨てることはなかなか容易ではないのである。

さらに、男性が女性よりも孤立しやすいという傾向は、一〇代でもみられるという調査結果が存在する。内閣府の「平成一九年度国民生活選好度調査」によれば、「困ったときに相談できる人がいない」と答えた者の割合は一五～一九歳男性では一五％であるのに対し、女性では六・八％に過ぎないのである。どうやら、男性の孤立傾向は、子ども時代から始まっているとみなければならないようだ。

このように問題はきわめて根深く、この小論で解決策を提示することは難しい。しかしひとつ言えることは、「男らしさへのこだわり」は、若い男性の将来を危うくする可能性があるということだ。少なくとも、この点への自覚を促すことは、問題解決の第一歩になりうるだろう。

もちろん、この章では基礎的な分析しかおこなっておらず、孤立の男女格差の原因・背景についてはさらに詳細な検討が必要である。しかし、この章で紹介した結果をふまえるならば、「相談できない男」という男性像が過去のものとなる日は、まだまだ先のことになりそうである。

［付記］

The Japanese General Social Surveys（JGSS）are designed and carried out by the JGSS Research

Center at Osaka University of Commerce (Joint Usage / Research Center for Japanese General Social Surveys accredited by Minister of Education, Culture, Sports, Science and Technology), in collaboration with the Institute of Social Science at the University of Tokyo. The datasets are distributed by ICPSR: Inter-university Consortium for Political and Social Research.

[注]

（1）調査の詳細は、大阪商業大学ＪＧＳＳ研究センターのホームページ（http://jgss.daishodai.ac.jp/index.html）を参照してほしい（分析にはＢ票を使用した）。

（2）なお、中高年層を四〇歳〜六〇歳、高齢層を六〇歳〜八九歳としても基本的な結果は変わらない。

（3）なお、孤立者を除いて分析しても結果は変わらない。

（4）もちろん、相談相手の「種類」の数と相談に乗ってくれた「人数」は異なるが、両者は基本的には相関すると考えてよいだろう。

エッセー　僻目のベビーブーマー論3

中年クライシス

橋本　満

結婚

突出して人口の多いベビーブーマーの結婚は、社会を変えた。

より上の世代の結婚では、夫と妻との間に年齢差があるものだった。もちろん、ベビーブーマーも、女性は年上の男性と結婚した。また、男性も年下の女性と結婚した。民主主義的教育を受けたはずなのに、保守的であった。ベビーブームの三年間以外は、人口が少ないのである。つまり、この三年の年齢のなかで内部処理をしなければ、大量の未婚者が出る計算になる。ならば、「塊内結婚」をしたものは、民主主義的結婚をしたのだろうか。

小さい頃からの民主主義的教育で、男女同権、男女平等、と言われて育ったから、結婚しても対等（のはず）であった。核家族などという言葉が流行って、夫婦と子どもが平等で対等に仲良く暮らす、という家族イメージがもてはやされた。

女性の結婚適齢期（平均初婚年齢）は、二四歳であった。クリスマス・ケーキと同じ、などと言われた。二四日の夕方頃には引く手数多でも、二五日になったら誰も見向きもしない、というのである。進学率が高まったといっても、女性はやはり短大まで、というのが一般的であった。女性は二〇歳で短大を卒業し、三、四年間ほど「お勤め」をして結婚する。結婚もまだまだ見合いが多かった。近所には、かならず、たくさんの見合い写真をもって、適齢期の息子娘のいる家をまわる世話好きがいたものである。見合い結婚では、男女の年齢差がやはり四、五年はあり、ベビーブーマーの「塊内」におさまるケースは多くはなかった。それでも、適齢期を越えてくると、「内部処理」は増えていった。

結婚式と新婚旅行は、続く好況からますます派手になっていった。形式はあいかわらず両家の結婚披露であった。花嫁のお色直しは回数を重ねて社会の繁栄を写した。新婚旅行は海外へ行くのはあたりまえで、ハワイは定番、足を伸ばしてアメリカ西海岸、あるいはフランス、イタリアなどの西ヨーロッパへとエスカレートした。見せびらかしの競争である。ホテル、旅行業、貸衣装という商売が繁昌した。大安吉日の神社とホテルには、花婿花嫁の行列ができた。新婚夫婦の大量生産である。女性は結婚を当然のこととして、新しい家に入っていった。

第二次ベビーブーム

大量のベビーブーマー夫婦ができると、次は出産ブームである。親のベビーブーマーほどに年齢幅は狭くはないし人口も多くはないが、人口ピラミッドにはやはり大きな塊ができた。親が競争好きな上に、子どもも同じように「椅子」が少ないから「競争好き」になるはずであった。ところが、学校の定員は特別に増えた。大学では、「臨増」という学生定員の臨時の増加が行われ、第一次ベビーブーマーのような厳しい競争にはならなかった。一九八〇年代後半から九〇年代のはじめの政策であったが、ちょうどバブル経済と重なる。

第二次ベビーブーマーの大学入学のピークの頃に、バブル経済がはじけた。第二次ベビーブーマーが社会へ出る時に、不況に直面した。この層が、ロスト・ジェネレーション、いわゆる「ロスジェネ」の中心になる。バブルがはじける前に、ディスコで夜を徹して踊りまくった「マハラジャ」にも、第二次ベビーブーマーはいた。バブルはじけて、狂乱の宴は永くは続かなかった。

九〇年代早々に始まった不況は、その後二〇年を経ても日本経済に大きな影を落し、「第二次団塊」は日の目を見ることはなかった。第一次団塊が必然的に作り出した第二の塊は、塊としてのプラス効果ではなく、マイナス効果へ向かった。親の世代のベビーブーマーが小学校以来、お荷物、として扱われてきた「異常」は、むしろ新しいマイナスだけを日本社会に残したのである。第一次ベビーブーマーがこの世から消えても、第二次ベビーブーマーはそのまま残る。ロスジェネ層にあたる「団塊の子」には、第三次ベビーブームを引き起こす機会はなくなっている。仕事がない、当然、結婚もない。

中年クライシス

ベビーブーマーは、学生の頃から始まった日本の経済成長を中年期まで過ごした。就職し、結婚し、家をもち、子どもも成長した。

世は豊かになるばかりで、一億総中流とまでいわれた。日本には、あたかも貧乏人はいないかのようであった。車をもち、家をもち、旅行に行き、栄華を極めるかであった。

だが、よく見ると、格差がないわけではなかった。五〇坪以上の土地のある家に住み、庭には芝生が生え、車は二〇〇〇cc以上の3ナンバー、犬もブランド犬、という物差しをあてると、「中流」というカテゴリーに入らない層が見えてくる。郊外の新しく開発されたニュータウンに住むか、都市近郊の古い近郊に住むか、つまり通勤時間が長いか短いか、とさらに細かく見ると、歴然たる差があらわになる。しかし、総中流という言葉は、差異を隠蔽した。たしかに、子どもの頃に比べれば、みな「金持ち」になった。小さくても車はあるし、子どもには狭くても部屋が与えられ、一年に一度くらいの家族旅行は楽しめた。夢の外国旅行も、強い円のおかげで、下手をすれば国内旅行のほうが高くついたから、休暇さえとれれば出かけていった。バブル経済がはじける前、まわりがみな3ナンバーの車に乗っているのに、あいかわらず5ナンバーの中古に乗る、という差は、総中流ではない証だったろう。バブル経済がはじける前すでに、線が引かれていた。だが、「中流」という名前で、差異は気づかれなかった。

バブル経済がはじける頃、ベビーブーマーは中年期に入った。ある者はすでにリストラされていた。上の世代が部長クラスでリストラされていたのに、ベビーブーマーは課長クラスでリストラされた。いや、リストラするために課長に昇進させられた者もいる。管理職なら、首を切っても労働組合は文句を言わない。リセッションは近くまで来ていたが、まだ感じることはなかった、いや気づいていても感じたくなかったのかもしれない。

若者なら人生はやり直せる。中年がクライシスに会うと、中年そのものが人生のクライシスなので、簡単には回復できない。早期退職の募集に応じると、まだ雇用側に余裕があったから少しは退職金に上乗せがあり、運のいい者は子会社に数年は雇ってもらい、クライシスは緩和された。だが、子会社はいつまでも甘くない。次の「天下り」が来るから、と、退職を促される。元の会社へのUターンをとの、かすかな夢はくずれていった。あとは、パートのような仕事にありついて、なんとか食べていくだけの人生にまで落ち込んだものもいた。

中年期に入ると、同窓会が盛んになる。部長になった、課長になった、といささかの出世を昔の友人に誇り、ともに出世を喜べるか、と同窓会へ行くが、ある層から下にいる同級生は出てこない。かといって、出世して猛烈に忙しい「成功者」たちは現れない。昔のつながりなど思い出そうともしないのであろう。同窓会で盃を酌み交わすのは、そこそこの肩書きはついているが、それ以上の出世はもうありえない「先の見えた」友人たちである。あるいは、かつて在学中は友人ではなくても、同じ境遇に通じ合うものがあり、同窓会で新たに友人になるということもある。下り坂の人生だからこそ、新しい交遊が生まれるのである。人生、そこそこでしたね、と傷を舐めあうような、つかの間の安心を得る場が同窓会である。

そこそこに出世した中間管理職は、同窓会から現実の世界に戻ると安心していられない。一世代前の会社の先輩たちは、部長になると出向があった。うまくするとUターンして、本社で出世がありえた。だが、ベビーブーマーの課長には、管理職として組合から切れたとたんに出向させられ、戻ることのないIターンという、態のいい首切りが待っていた。本社に残る課長と、出向させられる課長、という同じ中流であるはずなのに、とんでもない「裂け目」が待っていたのである。出向当初は親会社から給与の補填が子会社に出るから、当面は3ナンバーの車に乗っていられる。だが、次の買い替えのときは5ナンバーになっている。子どもも大きくなって、家族みんなで旅行に出かける、ということもないだろう。小さい車で十分だ、と理屈をつけて慰めるのだが。

子どもがなんとか育って卒業し、いよいよ就職という時期、バブル経済の崩壊は子どもたちの就職に大きく影響を与えた。フリーターなんてちょっと格好いいような身分が出現しても、要するに臨時雇いである。終身雇用に慣れている親は、そんなもので生きていけるのか、と心配するが、子どもたちは、フリーターを、一、二年もすれば景気が回復していい仕事もある、と、今から考えれば暢気な時代であった。二〇年も続く、ロスジェネの始まりだとは誰も気づかなかった。親はリストラ、子はロスジェネ、というのが、新旧ベビーブーマーの親子二代のクライシスであった。母親は、家計の補填にと、パートになって働き始める。だが親たちは、細った脛をいつまでも子にかじらせなければならないことに、まだ気づいていなかった。

（つづく）

第4章

「男」は病気か？——メタボ健診と男性

古川岳志・山中浩司

生物学と社会学のはざまの男たち

ドイツの有力週刊誌で『シュピーゲル』という雑誌がある。二〇〇三年九月一五日号に、「男という名の病気」という論説があって、冒頭に次のように書かれている。

「胎児の時は脆弱、学校では挫折しやすい、暴力と犯罪に傾きやすく、早死にする。男たちは自然の欠陥品か？　いまや生物学者たちもこう公言する。Y染色体は障害もちだ、男は没落の運命にある」

この雑誌、発行部数は一〇〇万部を超える有力誌だが、イギリスの『タイム』やアメリカの『ニューズウィーク』のように詳細なリポート中心の、いわゆるインテリ向け雑誌である。上記の論説は、「Y染色体、あるいはそもそもなぜ男たちが存在するのか」という特集号の一部である。イギリスの遺伝学者スティーヴ・ジョーンズが同年に発表し話題をさらった著作『Y　男性たちの祖先』（邦題『Yの真実―危うい男たちの進化論』化学同人）を受けて組まれた特集のようだ。

本書の第一章にもあるように、男性の性を決定するのはY染色体で、女性はX染色体が一対、男性はXとYの組合せである。したがって、Y染色体は父親から息子に受け継がれる。X染色体は女性で対になっているから、世代ごとに組換えが起こるが、Y染色体は一本しかなく組換えが起こらない（起こりにくい）。組換えが起こらない染色体上の遺伝子は損傷に対して脆弱であるという議論は、二〇世紀初頭からあるらしい。ラチェット理論といって、一方向のみにしか回らないようにできている歯車と同じで、壊れたら壊れっぱなしという理屈である。実際、Y染色体が元来もっていた遺伝子一四三八個のうち、一三九三個が失われていて、一〇〇万年に四・六個の割合で減っているという論説があるようだ(1)。しかし肝心なのは、Y染色体が消滅するかもしれないという話は、ジョーンズの著作が話題になった頃に突然でてきたのではないということである。しかも、壊れゆくY染色体の時間のオーダーは数百年という話ではなく、数百万年という話である。二一世紀の男子の運命はY染色体についての生物学説にかかっているというわけではないのである。その後、ヒトのY染色体は考えられたほど脆弱ではなく、ヒトがチンパンジーから分かれてから失われた遺伝子はわずか一個だという議論も出て、ヒトのオスのしぶとさが証明された格好である。

それでは、どうしてこうした気が遠くなるような遺伝子の歴史と二一世紀の男子の運命が重ねられて論じられるのか。なぜ「男」という名前の「病気」が問題になるのだろうか。

「男性性（manhood）」とか「男らしさ（masculinity）」とかいう言葉が学術論文に踊るようになったのはここ最近の出来事だ。学術雑誌のデータベースを使うと、こうした言葉が学術論文のテーマに登場する頻度は、一九九〇年代から急増していることがわかる。論文の件数でほぼ五〇倍、データベースに収録されている論文の中での出現頻度でも一〇倍にふくれあがり、現在では年間千本以上の論文がこうしたトピックを扱っている。

心理学や社会学、女性研究などの分野に多いが、二〇〇〇年以降は、公衆衛生や職業保健、生物医学的社会科学の分野でも急増しており、社会全体にこの問題が広がっている傾向は明白である。ＨＩＶなどの感染症、暴力や犯罪、低い学力、危険な行動様式、コミュニケーション能力不足、自殺、喫煙、飲酒、暴飲暴食などの不健康な生活習慣など、男性性が問題となる領域は広大だ。

先進諸国における財政問題の逼迫もこうした問題提起に拍車をかけている。医療、福祉、治安などで、財政支出を減らそうとすると、費用のかかる事後処理が発生する前に、危険因子を予防的に減らそうという動きが出てくるのは必至である。受益者負担という言葉があるが、予防を重点的に行おうとすると発生者負担というような考えも出てくる。

医療分野では、過激な言葉だと思うが、「先制医療（preemptive medicine）」という言葉が最近使われている。軍事作戦と同じで、やられる前にたたくという発想である。乳がんのリスクがきわめて高い人が乳房の予防切除手術を行うようなものがわかりやすいが、もっとマイルドなものもある。遺伝学の発達で、さまざまな疾患の罹患リスクに対して次第に社会が敏感になってきているということもある。

「男」であることが、先制医療の対象となるとはもちろん言わないが、話としてはいくぶん共通するものがある。病気、犯罪、貧困、社会的孤立などの背景に潜む要因を洗い出せば、「男」であることや、あるいは「男らしくすること」が繰り返し浮かび上がる。

一九九〇年代に、「男の子」の学力不足が先進国で問題となり、男女の教育到達度格差の逆転が明白になってから、徐々に「男性」という人類半数を占める集団への関心が高まったところへ、ゲノム医学に関連して脚光を浴び始めた生物遺伝学の議論が結びついたというのが実情ではないか。そういえば、生物学では、以前からオスは問題だったなあ、と。

もちろん、生物学的に「オス」であることと、社会的に「男」であることの間には大きな隔たりがある。生物学的な「オス」が抱える遺伝学的問題と社会的負担を引き起こす男性集団の問題を結びつけようとする議論には、しばしばセクシスト（性差別主義者）というラベルが貼られるが、確かに、「男なんだから仕方ないんだよ」というような話に落ちやすいかもしれない。

しかし、これまで、飲酒や喫煙といった、社会的な男性性とかかわる行動様式の変更がある程度功を奏したことから考えると、「男なんだから仕方ないんだよ」というような口実が社会的に効力をもつことは少なくなるのではないか。むしろ「男」であることのリスクをよく理解して生きなさいという方向に動く可能性が高い。少なくとも、男性の数が減少して、人類の少数集団に転落するような遠い未来は別として、人類の半数を占め、ほとんどの社会組織で男が権力を握っている現状では、「男なんだから」というような言い訳が通るとも思えない。この「男」であるリスクのことを「男」という名前の「病気」と理解するなら、『シュピーゲル』の論説もそれほど突飛なことでも、またセクシストと目くじらを立てることもないのではないか。

男性的生活様式が病気に関連するという議論はたくさんあるが、肥満もその一つである。肥満の国際的な性別分布を見ると、世界全体では肥満は女性に多い。しかし、高所得の先進工業国に限れば、過体重と目されるのは男性に多くなる。これは男性の労働様式が変化し、肉体をあまり使わない仕事が増えることによると説明されている。肉体を使わないのに、頻繁に飲酒をしたり脂肪分の多い食事をとるような、健康を気にかけない生活習慣を続けることが、肥満の原因だと言われる。社会の変化が男性の身体に投影されているわけだ。

男性の身体をめぐる状況

自分の身体が他人からどう見られているか。従来は、男性よりも女性の方が、他者の視線に気を使わされてきた。外見に無頓着でいることは、女性らしくない態度とみなされ、人前に出る時に化粧をすべしという規範も女性にだけ課せられている。他者から見て美しい体型を維持せよというのも、女性に課せられるプレッシャーであり続けてきた。拒食症や過食症など摂食障害に苦しむのは女性の方が圧倒的に多いが、背景に痩せた体型を美しいとする規範があることは明らかだ。

摂食障害のような深刻な事態に至るのはまれなケースかもしれないが、ダイエット志向は女性一般に広く共有されている。体型維持のためのダイエットに関心を持つこと、あるいは、そのような配慮をしていることを他者に向けて表現することは「女性らしい」ふるまいとされる。たとえば、大きなどんぶりでご飯をかきこむような食べ方は「女性らしくない」し、弁当箱や茶わんを選ぶ時は、小さいサイズのものが「女性らしい」とみなされる。

当然ながら男性も他人の視線から自由だったわけではない。人前には「男らしい」姿で登場することが求められてきた。その時、理想とされたのは「大きく強い」姿であった。後述するように、太っていることも、ある時代までは、男らしさの証として受け取られていたのだ。ただ、女性に求められたのとは違い、見た目に対して細かく気を配るような態度は、男らしくないものとされてきた。暴飲、暴食、喫煙習慣など、健康管理に無頓着なふるまいも、ある時代までは「男らしい」ものだったのだ。男性側の多くがそう考え、甘えてきただけ、というべきかもしれないが。

しかし、男性の身体をめぐる状況は、近年大きく変わりつつある。禁煙化の流れは言うまでもない。暴飲、暴食のような行動様式へのまなざしもどんどん厳しくなっている。若い世代の男性は、社会の変化に適応して、自身の体型や見かけに配慮する人が増えている。ファッションに女性以上の関心を持つ人が目立つようになっているし、男性用の化粧品の売り上げも伸びている。そんな若い世代の変化を、「軟弱化」「女性化」「草食化」などと、冷ややかに見ていた中年男性たちも、変化の波に抗うことはどんどん難しくなってきているのではないだろうか。

本章で注目するのは通称メタボ健診とよばれる特定健診・保健指導制度（以下、特定健診）だ。制度導入にあたり、それまで一般にはほとんど知られていなかったメタボという言葉が急速に広まった。メタボは中高年のプックリとつき出たお腹のイメージと結びつき、不摂生な生活習慣のあらわれと捉えられるようになってきた。

他者の目から見える身体的状態に対して、社会的に不適切だという烙印が押される。改善するように求められる。「男らしい」無頓着な生活態度は許されなくなり、男性にも自分の身体に対する女性なみの配慮が求められる――。健診制度の導入、ならびにメタボという言葉の広がりは、こういう時代の到来を予感させるものだ。

生活習慣に対する保健指導を組み込んだ特定健診は、広い意味の「先制医療」と見ることもできる。指導対象になっているのは、暴飲・暴食など、これまで「男らしい」とされてきたような生活態度だ。いうなれば「男という病」に狙いをさだめた公衆衛生政策が特定健診なのではないか。私たちは、このような問題関心から、制度の成立過程や実際の運用について、専門家、現場担当者への聞き取り調査を実施してきた。それらをもとに、特定健診制度が作られた背景やその狙い、そして、保健指導を含めた制度運用の実情を紹介し、この制度が「男」たちに与える影響について考えてみよう。

特定健診と中年男性

特定健診が始まったのは二〇〇八年。健診の対象は、四〇歳から七五歳までの公的医療保険加入者全員である。それまで実施されてきた健康診査との一番の違いは、前述のとおりメタボリックシンドロームに焦点をあてていることだ。そのため、従来はなかった腹囲の計測があらたに実施されることになった。腹囲の基準値（男性は八五㎝、女性なら九〇㎝）以上、又はＢＭＩ二五以上で、かつ、血圧などの複数の数値が基準値をこえた場合、メタボリックシンドロームと診断され、保健指導を受けることになったのだ。

「メタボリックシンドロームは、内臓脂肪型肥満を共通の要因として高血糖、脂質異常、高血圧が引き起こされる状態で、それぞれが重複した場合は命にかかわる病気を招くこともあります。ただし、食べ過ぎや運動不足など、悪い生活習慣の積み重ねが原因となって起こるため、生活習慣の改善によって、予防・改善できます。」

（厚生労働省ホームページ「メタボリックシンドロームを予防しよう」http://www.

mhlw.go.jp/bunya/kenkou/metabo02/)

厚生労働省のサイトでは、メタボをこのように説明している。内臓脂肪がメタボの原因であること、生活習慣の改善によって悪化を防げることなどは、今日ではもはや常識に属する知識になっているだろう。では、そもそもメタボは病気なのだろうか、それとも病気になる前の状態をさしているだけか。そのようなさらにつっこんだ点になると、あまり知られていないのではないだろうか。

厚労省の説明文を読んでも、その点はわかりにくい。医学的な解答を先に言うと、メタボリックシンドロームは疾病概念、つまり病気の名前なのである。しかし、特定健診の現場では、病気の一歩手前をさす指標であるかのように、つまり赤信号ではなく黄信号として使われている。だからややこしい。健康診査について、多くの人は、本人が気づいていない病気を発見してもらうために受けるものだと認識しているのではないだろうか。健診で「引っかかる」ということは、病気が見つかったということであり、病院に行き治療を受けなければならないが、治療しなくてもいいなら病気ではないから大丈夫だ、というように。だが、特定健診の場合は、すぐに病院に行く必要がある人を発見するのではなく「今のところ病院に行く必要はないが放置しておくと病院に行く必要が生じるため今のうちに保健指導を受けた方がいい人」を洗い出すことをめざして実施されているのだ。そのため、すでに病院で治療を受けている人は指導の対象外になる。治療対象となる手前の段階でつかまえて、保健指導を施し生活を改善させ、病院に行かずにすむようにさせることが目的だからだ。

メタボリックシンドロームという病気が発見されたのはごく最近のことだ。一九八〇年代の終盤頃から、一人の人に、血糖値、血圧など循環器系の複数の異常が重なってあらわれると、動脈硬化のリスクが高まることが明らかになってきた。当初は、シンドロームXと呼ばれた。やがて研究が進み、メタボリックシンドロームと名づけられるようになった。日本では特に、このリスクにおける内臓脂肪の影響に注目した研究がすすんだ。内臓脂肪が蓄積されると、インスリン抵抗性（すい臓から分泌されるインスリンが正常に働かなくなる状態）が引き起こされ、糖尿病、高血圧、心疾患などの生活習慣病につながることが明らかになってきたのだ。日本内科学会など八つの学会(2)が合同で検討委員会を作り、二〇〇五年、日本独自のメタボリックシンドローム評価基準を作成した。検討委員会の代表は、内臓脂肪研究の第一人者である松澤佑次氏（現・住友病院院長）が務めた。

メタボリックシンドロームを日本語に直訳すると、「代謝症候群」となるが、厚生労働省の広報などでは松澤氏が提唱した「内臓脂肪症候群」という訳語が採用され、メディアもそれにしたがっている。第一に内臓脂肪の蓄積という原因があり、それが血液の数値異常につながり、さらにその先には、死が待っている。そういう分かりやすいイメージで、それまで馴染のなかった新しい病気のリスクを理解させようというねらいだ。ちなみに、この研究分野での日本のプレゼンスは大きく、論文の引用数で米国に次ぐ。また、この病気を理解する上で重要な位置を占めるアディポネクチンという脂肪細胞から分泌されるタンパク質は前述の松澤氏が発見し、日本はこの研究では米国をしのいでいる。いわば、メタボリックシンドロームは、国産部品をふんだんに使った疾病概念とも言える。

医療費適正化という課題

このようにメタボに特化した健診制度が国全体で採用されることになった背景には、医療費削減という政策的狙いがあった。内臓脂肪の蓄積が原因で、将来生活習慣病になり、高額の医療費をつかってしまう可能性が高い人を探し出し、生活改善によってそれを食い止めることを目指しているのだ。医療費削減は、決して「密かなねらい」というものではない。厚労省の特定健診担当部署は「医療費適正化対策推進室」という看板を掲げている。増大した医療費をいかに抑制するか。そういう政策課題への対応策の一つが特定健診なのだ。

少子高齢化が進み、一九五〇年代にはGDP比三％未満であった国民医療費は、現在一〇％に近づいている。高齢化と医療の高度化で、費用のかかる治療を長期にわたって受け続ける人が増えているためだ。もっとも、それは日本だけではない。日本は、これでも先進工業国の中では、医療費は少ない方だ。これほどの高齢化にもかかわらず、GDP比で言えば、日本はOECD加盟国の平均である。ダントツに多いのは医療の商業化とハイテク医療の進んでいる米国である（ちなみに、日本の倍以上の医療費をかけても米国の平均寿命は日本のはるかに下で、WHOは米国の保健医療制度を世界で最も非効率な制度の一つと指摘している）。

しかし、今後ますます高齢化することが目に見えている状況では、GDP比一〇％の医療費も問題になる。医療費の増加を人々の意識改革によってなんとか食い止めようという虫がいい考えで実施された政策は特定健診より前からある。たとえば、「成人病」から「生活習慣病」への言い換えだ。脳卒中、がん、心臓病など、中年以降にかかりやすくなる病気は、戦後、「成人病」と呼ばれるようになった。大人になれば誰でもかかる病気というイメージがついたが、単なる加齢ではなく、個々人の生活に原因があると言われだしたのだ。九〇年代後半には「生活習慣病」という呼び方に変えるように厚生省が動いた。病気の自己責任という考えである。米国で反タバコ運動が一定の成果を見たことも影響しているかもしれないが、この考えは、社会学者パーソンズが病人役割の第一の特徴としてあげた、責任の免除という原則に真っ向から反するものである。

厚労省は二〇〇〇年に「健康日本21」というキャンペーンをはじめる。「二一世紀において日本に住む一人ひとりの健康を実現するための、あたらしい考え方による国民健康づくり運動」と謳うこのキャンペーンの中で、喫煙の抑制をめざした「健康増進法」が制定された。小泉政権が発足すると、「聖域なき構造改革」の掛け声のもと、大きな権限を与えられた経済財政諮問会議が、積極的な医療費削減策を打ち出すよう厚労省に求めた。それに応じて実施されたのが特定健診制度だった。

その際、当時注目を浴びていた松澤氏らの内臓脂肪に関する研究が、まさに医療費適正化の目的にかなうものとして採用されたのである。皮下脂肪と違い内臓脂肪は、適度な運動や食事制限によって効率的に減らすことができる。内臓脂肪が生活習慣病のリスク要因であるなら、投薬によらない生活指導だけでも十分な予防効果があるだろう。将来の医療費増大を食い止めるためのターゲットとされたのが、お腹の中にあるものだった。そして、問題とされた内臓脂肪を沢山蓄えているのは、女性ではなく男性だった。

ＢＭＩ（ボディマス指数）は体格をあらわす指数で、体重（kg）を身長（m）の二乗で割った数値である（たとえば身長一・七ｍで体重六五kgなら約二二・五）。その平均値を時系列で見ると、男性の場合、一貫して増加傾向が続いている。肥満とされるのはＢＭＩ二五以上だが、その割合も増加傾向にある。（図４-１）理由としては、やはり生活習慣の変化が指摘されている。いわゆる肉体労働に従事する人が減り、デスクワークが一般化したこと。食生活も欧米化し、栄養過多が進んだこと。その結果が男性の肥満の増加というわけだ。しかし、社会状況の変化を同じように受けているはずの女性は、太っていない。若い世代を見ると、やせ傾向が顕著に見られている。二〇歳代、三〇歳代の女性の場合、ＢＭＩ一八・五未満の「やせ（低体重）」の割合が、ここ三〇年ほどの期間に倍近くの増加をみせている。これは、最初にあげたとおり、「女らしさ」としてのダイエット志向の影響だろうが、医者の間ではこのやせ方は問題だと思われている。日本女性のやせすぎは文化的強迫現象だろうか。厚労省は、女性には「もっとやせなさい」というシグナルを送りたくないのである。

特定健診制度が男性をターゲットにしていることは、腹囲の基準値の男女差にも表れている。前述のとおり、男性八五cm以上、女性九〇cm以上となっており、男性には相当厳しい基準値である。腹囲測定は、単なる肥満ではなく、内臓脂肪蓄積具体をおおよそしめす指標として実施している。男性に比べて、女性は皮下脂肪が多く、腹囲に

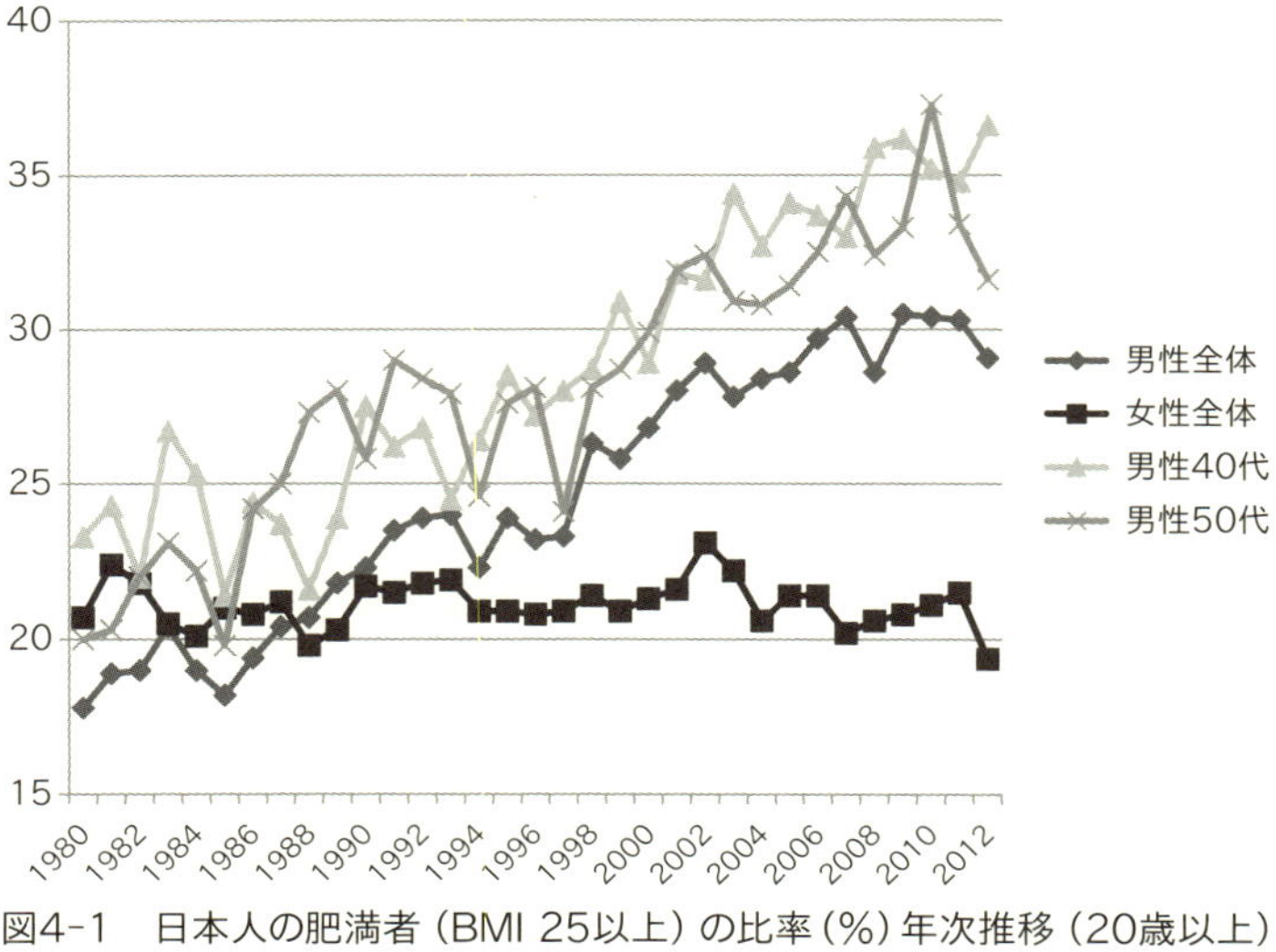

図4-1　日本人の肥満者（BMI 25以上）の比率（%）年次推移（20歳以上）
（厚生労働省　「国民健康・栄養調査（平成24年）」より作図）

もそれが反映しやすいため、女性の基準値は緩く設定されているのだ。ただ、日本以外の国では、男女の基準値は同じであるか、女性の方がより小さい数値になっている。

たとえば、アメリカ（アメリカ心臓協会）は、男性一〇二㎝以上、女性八八㎝以上、WHO（世界保健機関）は、BMI三〇以上または、ウェスト・ヒップ比、男性〇・九以上、女性〇・八五以上を基準値にしている。男女の体格差を考慮した肥満度を表す基準と考えれば、こちらの方が自然に見えるかもしれない。しかし、日本では、先の松澤氏の、内臓脂肪蓄積に関するCTスキャンデータにもとづく研究を踏まえ、男性により厳しい基準値が採用されることになったのだ。

特定健診制度実現の功労者の一人に、兵庫県尼崎市職員の野口緑氏がいる。野口氏は、保健師として尼崎市職員に対する健診を担当していた時、いち早く松澤氏の研究に注目し、メタボリックシンドローム対策に焦点化した保健指導を実施し効果をあげた。

野口氏がメタボ対策に取り組んだ背景には、尼崎市職員健保組合の財政破たん危機があったという。一九九九年、高額医療費の要因について職員健保のレセプト（診療報酬明細書）を分析した結果、医療費高騰につながっているのは、進展すれば人工透析に至る糖尿病と、心血管疾患であることが分かった。市職員は当時約四六〇〇人。そのうち、現職中に亡くなる人が過去十年の平均で年に一一名もいたという。死因の半数は、癌（悪性新生物）だが、それに次いで心血管疾患が二割を占めていた。長期療養の原因も二割が心血管疾患。野口氏は、取り組みの中で松澤氏の研究を知る。疾患の発生メカニズムが依然として研究段階にとどまる癌を効果的に予防するのは難しいが、心血管疾患や糖尿病はそれが可能であると考えるにいたった。疾患が発生する前段階で予防していけば「人材と医療費の損失が防げる」のではないか。そう考えた野口氏は、健診を通して、メタボのハイリスク者、ハイリスク予備軍を洗い出し、保健指導を実施する。その結果、それまで毎年三〜五人は出ていた心血管疾患の発症が減少し、虚血性心疾患による現職死亡はなくなったという[3]（二〇〇五年現在）。

この成果は、松澤氏を通して、医療費適正化対策を模索していた厚労省にも伝わり、全国レベルで特定健診を実施するための先行事例の一つになった。

メタボ保健指導の第一人者として、私たちは野口氏にもインタビューを行った。その際、この制度のターゲットが男性であることは、野口氏も明言されていた。内臓脂肪は、もちろん性差なく悪い影響を身体に与えるが、現役世代の場合、男性の方がより蓄積されやすい。「男性は、昔、狩りに行ったときに短期的にエネルギーを備蓄するためにそういう機能をもっています。女性は子どもを産み育てるために、内臓脂肪を備蓄していたら母乳が出なくなるので、（蓄えられやすいのは）皮下脂肪です」野口氏はこのように説明する。閉経後の女性は、内臓脂肪のリスクが高まるが、現役世代の場合は、痩せすぎの方がはるかに問題なのだ、と。生活指導を行って、将来の生活習慣病を未然に防ぐのが目的となれば、必然的に高齢者になる前の、現役世代の男性がターゲットということになるのだ。

しかしながら制度自体は、男女共同で実施している。その点について野口氏は、「私は男性だけにしてもよかったと思うけど、やはり政策としては表面的な男女平等は崩せないのでしょうね……」という。野口氏をはじめ、他にも健診にかかわる多くの専門家が指摘しているのは、前述のとおり女性にはダイエット志向があり、必要以上の食事制限を行っている人も少なくないということだ。女性に対する規準の緩さは、女性たちにメタボへの意識を過度に持たせないための配慮でもあるだろう。「一般的に食事の栄養やカロリーの知識も女性の方が男性よりもはるかに高い傾向にあります」と野口氏はいう。まさに、問題は、男の身体であり、無頓着な、男の生活そのものなのだ。

強壮肥満

ところで、高度成長期以前には、医療者においてはともかく、一般社会での少なくとも男性肥満者の社会的イメージは決して悪くはなかった。むしろ、一般社会では男性肥満者は好まれていたといえる。女性が自分で肥満を気にするとか、教育現場で肥満児の指導が問題になることはあっても、少なくとも中年男性の過体重程度のものが問題になったことは、これまでにはなかったのだ。

もちろん、肥満の健康への害については、医師を中心に以前からいろいろ書かれてはいる。戦前でも、米国の生命保険会社などの合同調査によって、肥満者は短命という議論も報告されている。しかし、肥満を非難する医師の議論には必ずと言っていいほど、「世俗では肥満を好むが」というような言い方が含まれている。たとえば、「世俗は、痩せたるものは病身、肥満せるものは壮健なりと連想するものおおけれども、肥満者の方が却って病にもろきもの也」（大町桂月『社会訓』一九〇三年）という風である。「老いと若きとを問わずすべて体のあまりに痩せすぎたるは何となく貧相に見られてかつ顔に愛嬌を欠きなかなかに好ましからぬものなり」（三田村真喜『美人――一名・男女化粧法』一八九四年）というようなイメージが一般的であったのだろう。痩せていることは「貧相」であり、肥満は「裕福」で「安寧」なイメージである。

また、ドイツの精神科医クレッチマーの理論の応用で、日本人の体格と性格に関する調査研究なども報告され、肥満型には「社交性、好人物、喧噪、多弁、快活、無頓着、のんき、滑稽、愛嬌、大胆、軽々しい」などの性格が、痩せ型には「非社交性、意地悪、冷淡、静か、引っ込み思案、熱心、意志が強い、きちょうめん、議論好き、気が変わらない」などの性格が多いというような議論もある（読売新聞一九三四年二月一九日付「體格を見れば性質がわかる」）。これだと、一般社会では、どう見ても肥満型が好まれる。「なぜ肥った人に悪人は少ない？」というような記事もある。

肥満者が好まれる理由はほかにもある。西洋人への身体的コンプレックスから、せめて太って横幅だけでも対等に接したいという願望もあったようだ。

「世界各国いずれの人種に比較しても日本人は矮小人種たるを免れない。（中略）むろん満身これ胆で戦争では武勇を現し世界列国と肩を並べるようにはなったが、何となくコセコセしていて鷹揚なる大国民の風采がない。由来日本人が体格不良なるは膝を屈して畏まる習慣としたのがその原因である。」(『健康の宝』一九一二年、弘文堂)などと書かれ、身長をすぐに伸ばすことは難しいから、せめて横幅なりとも太ることを薦めている。

肥満者が好まれるというよりは、痩身者が避けられる別の理由もある。「過剰栄養の効能がひどく重く見られた訳はたしかに結核を恐れるのあまりからであった」(『食べ方問題・続』一九二四年、南山堂書店)とあるように、結核が猛威を振るった時代には痩せすぎは危険な身体の徴候と見られ、結核患者がもつ肥満への願望は、国民全体にもある程度共有されていたかもしれない。肥満への願望は、「強壮肥満」という言葉によく表れていて、この言葉は間違いなく肯定的な意味で用いられる。

肥満と痩身にかかわるこうした社会的イメージが、戦後の日本人男性の著しい体重増加傾向にどの程度寄与したのかはわからないが、新聞や雑誌などの記事をデータベースで追いかける限りでは、少なくとも一九八〇年代後半まで、肥満男性のネガティヴなイメージはほとんどなく、米国におけるような肥満者に対する社会的スティグマ(烙印)も日本では微弱であったと推測できるのである。

ところが、世の中の健康志向と、おそらくは米国から肥満のネガティヴなイメージが輸入されたのであろう。戦後太り続けた日本人男性の体型についに、警鐘が鳴らされ始めた。日本人は、米国人などからみると、肥満と呼べるような人は少ない。実際、米国では肥満と言えばＢＭＩ三〇以上をさすが、日本での基準は既述のように厳しく二五である。

彼らの基準にあてはめると日本人は決して太っていないのだが、しかし、肥満学者は、これこそが日本人にとって肥満が危険な理由であるとみるのである。米国に見られるような極端な肥満が日本人にほとんど見られないのは、そもそも、そんな肥満状態では日本人は生きられないからだという。これは日本人が人種的に肥満に対して脆弱、わずかな肥満にも敏感に反応する民族であるからだと説明される。この辺りの議論は、肥満学会のホームページを見ていただくか、専門のドクターの書いたものを参考いただくしかないが、いずれにしても、表面的には肥満者が少ない日本の肥満研究は実は、世界的にも重要な位置を占めているらしく、これは生活習慣病のリスク要因としての肥満が日本でもバカにならないという事情に由来するようである。特定健診が始まる前から大企業では米国にならって、従業員の肥満対策に乗り出していたようで、そのため大企業の従業員はほかの人たちと比べるとスリムなのである。

男性の生活態度

ともあれ、男性の肥満は一九九〇年代後半から、次第にマイナスの記号にかわっていった。特定健診制度の開始は、その象徴だといえるだろう。表面的には男女平等に実施されている制度でありながら、実際のターゲットは、現役世代の中年男性なのだから。

制度導入にあたり、厚労省はマスメディア等を通して、メタボ概念普及のキャンペーンを実施した。お腹のまわりが浮き輪のように太っていると内臓脂肪の蓄積が疑われます。食生活の改善、運動を心がけましょう。ポスターやチラシでそのようなメッセージが伝えられるとき、添えられるのは、中年男性をモデルにしたイラストである場合がほとんどだった(図4-2)。

図4-2 厚生労働省ホームページ「メタボリックシンドロームを予防しよう」より(http://www.mhlw.go.jp/bunya/kenkou/metabo02/index.html)

メタボリックシンドロームは、二〇〇六年「現代用語の基礎知識」選「ユーキャン新語・流行語大賞」のベスト一〇にも選ばれた。それまで専門家以外には誰にも知られていなかったこの言葉は、厚労省が狙ったとおり、一気に普及したのだ。精確な知識がどれだけ広まっているかはともかく、中年男性のお腹まわりが問題であるということは、人々に知られるようになった。略称のメタボは「デブ」「肥満」などそれまでの悪口にとってかわった。その人の不摂生を、より「科学的」に非難する言葉として。

特定健診制度の目玉は何といっても保健指導がセットになっていることだ。では、保健指導が実際にどのように行われているかを見ていこう。指導は二段階に分かれている。指導対象者は、メタボ基準をこえたリスク要因の数によって、「動機付け支援」と

腹囲	追加リスク ①血糖 ②脂質 ③血圧	④喫煙歴	対象 40-64歳	対象 65-74歳
≧85cm（男性） ≧90cm（女性）	2つ以上該当	／	積極的支援	動機付け支援
	1つ該当	あり		
		なし		
上記以外で BMI≧25	3つ以上該当	／	積極的支援	動機付け支援
	2つ該当	あり		
		なし		
	1つ該当	／		

図4-3　特定保健指導の対象者（階層化）

出典：厚生労働省ホームページ「特定健康診査（いわゆるメタボ健診）・特定保健指導
http://www.mhlw.go.jp/seisaku/2009/09/02.html より

「積極的支援」に割り振られる（図4―3）。前述のとおり生活改善によって将来の医療費抑制をめざす制度であるため、すでに投薬治療を受けている人は指導の対象にならない。

特定健診は、保険組合単位で実施される。組合によって実際の運用方法には少しずつ違いがある。一般的には、医療機関や健診センターで、医師・看護師の指示のもと健診を受け、その結果はそれらの機関を通して知らされる。検査項目の数値が基準を越え、今すぐに治療が必要なレベルのリスクが発見されれば、これまでの健診同様、要精密検査、要受診となるが、医療機関での治療は受ける必要がないが、メタボ基準にはあてはまったという人が「要指導」になるのだ。

保健指導を実施できるのは、医師、保健師、管理栄養士の資格を持つものと規定されている。ただし、現在では、経過措置（二〇一八年まで）として「保健指導に関する一定の実務経験を有する看護師」も指導可能ということになっている。現状では対応できる専門職が不足しているためだ。

保健指導の実情について、私たちがインタビューしたのは、自治体で勤務する保健師の方々であった[4]。日本の医療保険組合は、健康保険組合（健保組合）、全国健康保険協会（協会けんぽ）、共済組合、船員保険、国民健康保険（国保）の五つに分かれている。健保組合は、民間企業において事業所単位で設立されるもので、大企業など安定した企業形態の被雇用者が加入している。中小企業など、事業所単位での設立が難しい場合は、全国組織の協会けんぽが保険引受け先となる。共済組合は、公務員や教員が加入している。船員保険は、その名のとおり船舶関係者の組合で数としては少ない。これらに加入できない人は、自治体が運営する国保に加入することになる。

国保での特定健診

特定健診制度は、既述のとおり医療費適正化をめざして導入されたものだ。これらの医療保険組合のうち、もっとも医療費が高いのは、国保である。健保組合や共済組合は、保険料と医療費のバランスが保たれているが、国保の場合三兆円以上の赤字を公費で負担している（図4-4）。

	市町村国保	協会けんぽ	組合健保	共済組合
保険者数 (2011年3月末)	1,723	1	1,458	85
加入者数 (2011年3月末)	3,549万人 (2,037万世帯)	3,485万人 被保険者1,958万人 被扶養者1,527万人	2,961万人 被保険者1,557万人 被扶養者1,403万人	919万人 被保険者452万人 被扶養者467万人
加入者平均年齢 (2010年度)	49.7歳	36.3歳	34.0歳	33.4歳
加入者1人当たり医療費 (2010年度)(※1)	29.9万円	15.6万円	13.8万円	14.0万円
加入者1人当たり平均保険料 (2010年度)(※2)	8.1万円 1世帯あたり 14.2万円	9.7万円〈19.3万円〉 被保険者1人あたり 17.2万円〈34.4万円〉	9.3万円〈20.7万円〉 被保険者1人あたり 17.7万円〈39.4万円〉	11.2万円〈22.4万円〉 被保険者1人あたり 22.7万円〈45.5万円〉
公費負担 (定率分のみ)	給付費等の50%	給付費等の16.4%	財政窮迫組合に対する定額補助	なし
公費負担額 (2012年度予算ベース)(※3)	3兆4,459億円	1兆1,822億円	16億円	

図4-4　各保険者の比較

(※1) 協会けんぽ及び組合健保については速報値。また共済組合は審査支払機関における審査分の医療費（療養費等を含まない)。

(※2) 加入者1人当たり保険料額は、市町村国保・後期高齢者医療制度は現年分保険料調定額、被用者保険は決算における保険料額を基に推計。保険料額に介護分は含まない。

(※3) 介護納付金及び特定健診・特定保健指導、保険料軽減分等に対する負担金・補助金は含まれていない。

(図4) 厚生労働省ホームページ「医療保険制度関係資料平成25年4月4日」より。後期高齢者医療制度に関する項目など1部省略改編した。
https://www.kantei.go.jp/jp/singi/kokuminkaigi/dai8/siryou3.pdf)

私たちは、メタボ研究の第一人者である松澤佑次氏にも特定健診の狙いについてインタビューをしたが、松澤氏も国保の加入者が重要なターゲットであると話していた。大企業や公務員などの医療保険組合は、これまでも健康管理体制は十分行き届いていると。既述のように、大企業では特定健診導入以前から肥満対策を実施しているところもあるくらいだ。

つまり、適正化最大のターゲットは、自営業者や不安定雇用労働者などが中心の国保加入者なのだ。従来、健康管理の恩恵を受けにくい（あるいは管理から自由だった？）状態にあった国保加入者から、メタボの人をふるいわけ、生活改善を指導し将来の医療費増大を抑制する。これが、この制度のねらいなのだ。では、特定健診制度のかなめである国保の保健指導の実情は、どのようなものだろうか。

制度上決められている保健指導の流れは、以下のようなものだ。健診結果を受け、指導対象となった人には、初回面接が行われる。面接は、個別の場合は二〇分以上、集団で実施する場合は八〇分以上と時間が決められている。そこで、本人の数値の問題点が説明され、生活実態についての聞き取りが行われ、食生活の改善や運動の必要性などが教示される。そして、自身の行動目標の設定をうながされる。六か月後、面接、電話、メールなど何らかの方法で、目標がどうなったか確認される。「積極的支援」の対象者は、この間にも、メールや電話で経過状況の確認が行われ、生活習慣の改善が支援される。

厚労省は、特定健診開始にあたって「標準的な健診・保健指導に関するプログラム」というものを作成している。ここには、保健指導に必要とされる技術について次のように書かれている。

「保健指導を行うための技術には、必要な情報（健診結果、ライフスタイル、価値観、行動変容のステージ（準備状態）等）を収集するためのコミュニケーション技術、それに基づき支援方策を判断する技術、そして対象者が自らの生活行動の課題に気づき自らの行動目標を決定することを支援する技術等があり、具体的には、カウンセリング技術、アセスメント技術、コーチング技術、ティーチング技術、自己効力感を高める技術、グループワークを支援する技術などがある」

これらを、専門職として身につけ、指導対象者に向かい合うことが求められているのだ。

形式的な手続きを踏むこと以外の具体的な指導方法に関しては、指導者の裁量にまかされている。私たちがインタビューした保健師の多くが、自主的に勉強会などに参加し、メタボ解消のための指導技術向上につとめていた。

保健師から聞いた具体的な指導のパターンは次のようなものだ。健診で「要指導」と判定された対象者が初回面接にくると、まずは、特定健診の検査結果から読み取れる改善すべき点について丁寧に説明する。次に、生活実態の聞き取り。たとえば、酒はどれくらいの頻度で飲むか、一週間のうち外食するのはどれくらいか、仕事は身体を使うものか、職場への往復でどれくらい毎日歩いているか、定期的に運動をしているか、など食生活と運動に関する現状をたずねる。外食が多いとカロリー過多になりやすい。独身者は外食にたよりがちだから、注意をうながす必要がある。夜勤のある仕事なら、食事も不規則になるだろう。その場合どうすればいいか。このように、場合によっては家族の状況、たとえば既婚か未婚か、ということや、仕事の具体的内容まで聞き込む必要が出てくる。聞き取った内容から、自主的に生活改善目標を立てるようにうながす。

保健師は、指導の場面で、ああしろ、こうしろと指図しないように心がけている。対象者が自分自身で、自らの生活を振りかえるようにさせ、生活の問題に気づくようにうながすのだという。ある保健師は「ほとんどの方が、指導に来られた時点で、自分の問題を分かっていらっしゃいます」と話していた。生活改善を実際に行うのは、あくまでも本人だ。

強制的に、嫌々やらされていると思わせてしまっては、とても効果があげられるものではないのだ。

面接の現場では、指導用パンフレットが活用されている。制度導入以来、製薬会社や、医学専門出版社などが製作したものが何種類も発行されているのだ。保健師は、それらから使いやすいものを選定し、面接の際に、対象者に無料で手渡すことが多い。パンフレットは「食生活編」「運動習慣編」などに分かれているものもあり、対象者のニーズにあわせて選ばれている。

たとえば、(株)現代社会保険という出版社が作成した『まず2kg減らすための食生活の改善』(齋藤明子監修)という十頁前後のパンフレットを見ると、食品のカロリー一覧(主食・菓子・アルコールなど)、摂取エネルギーを減らす工夫、自分の食生活を振り返るチェック項目、カロリー消費に必要な運動量リストなどが、イラスト主体で分かりやすく掲載されている。それらのパンフレットには、生活記録を書き込むためのグラフ用紙が添付されてあるのが一般的だ。毎日の体重や腹囲、あるいは歩いた歩数や食事の内容などを記録し、自分の生活が可視化されるようになっている。まるで、小中学校の夏休みの計画表みたいなつくりだ。

特定健診において、企画立案、実施、評価に関して責任を持つのは、保健師の資格を持つ職員だ。自治体でも、担当者の多くが保健師の有資格者である。

先の野口緑氏は、保健師の中心的な役割は社会教育だと話していた。野口氏には職場である尼崎市役所内の健康増進課でインタビューした。市役所に来た市民たちの目につきやすい場所にあり、窓口には数多くの食品がカロリー表示と共に展示されてあった。誰もが知っている有名なメーカーの菓子や、飲料、ビールなどだ。私たちが日々口にしているものにはどれだけのカロリーがあるのか。飲み会に参加して、沢山飲んだら、どれだけのカロリーをとるのか。から揚げを、焼きそばを注文したら……、酔っぱらって帰りにラーメンを食べたとしたら……。何を食べれば、どれくらい、内臓肥満蓄積につながるか、市民にそういう知識を啓蒙するのも社会教育の一環だということだろう。

保健師は、公衆衛生の一翼を担う職業である。日本では、一九四一年に「保健婦規則」が制定され、社会制度としての歴史が始まった。保健師の職務領域は、時代と共に拡大してきた。当初は、伝染病予防や結核などの知識啓蒙、母子保健活動がその仕事の中心であった。一九七〇年代後半になると、障碍者の自立支援などから、老人保健事業、生活習慣病対策も重要な仕事になっていった。近年は、従来の職務に加え、介護予防や支援、自殺対策など、取り組むべき課題が増えている。保健所や各種医療機関、自治体の福祉関連部署等で勤務するのが一般的だが、企業で福祉担当として勤務する人も増え、中には開業保健師として業務請負をしている例もある。

野口氏は、保健師の強みは「家の中に入っていける仕事」である点だという。母子保健活動では特に、衛生状態や育児についてアドバイスするために家庭訪問を一般的に行ってきた。そのスキルは特定保健指導においても役にたつという。実際には、メタボ対策のために家庭訪問までする[ことは]ないだろうが、面接でのコミュニケーションを通して、対象者のプライベートな部分にふみこんで教育をする、という点では確かにそのとおりだろう。

保健師は、以前は保健婦とよばれていた。男女雇用機会均等法により、職業上の性別規定が撤廃されたことをうけ、二〇〇二年より現在の呼称に改められたのだ。看護師と同じで、それまでは女性限定の仕事であり、現在もほとんどが女性によって担われている。一方、保健指導のメインターゲットは、働き盛りの男性たちだ。食事や健康管理に無頓着な男性たちに、細やかな女性が気を配りながらアドバイスしてあげている。そんな、どこかでみたような構図が繰り返されているように見えなくもない。

欠点も多い制度だが……

特定健診制度が導入されるにあたっては、批判的意見も多かった。制度の解説本も数多く出た一方で、たとえば、『メタボの暴走』（船瀬俊介、二〇〇八年、花伝社）や『メタボ基準にだまされるな！』（柴田博、二〇一一年、医学同人社）のような刺激的なタイトルの批判本も数多く出版された。新聞、雑誌などでも制度への批判が数多く掲載されてきた。否定的な意見は、その論拠にしたがって、医学的な根拠に関するもの、実際の政策的効果に関するもの、社会倫理的な観点からのものに分類できる。

医学的な根拠に関しては、体格に関係なく腹囲の基準をもうけることへの疑問や、メタボに特化することで他の疾病への対応が遅れるのではないかという批判などがあった（『メタボの罠』大櫛陽一、二〇〇七年、角川ＳＳコミュニケーションズ）。男性に厳しく設定されているのが日本だけであることへの疑問も当然多かった。政策的効果に関するものでは、たとえば、健診や指導件数の目標値が高く設定されすぎており、実際の達成はとても無理で、指導による医療費の削減など絵に描いた餅にすぎない、というような意見もあった。

健診を実施すればするほど病気の発見につながるので、逆に医療費はあがるに違いないという声もあった。（これに関しては、厚労省や松澤氏も、短期的にはそうなるだろうと認めている）

社会倫理的な批判としては、たとえば、堤修三氏のものがある。元大阪大学教授の堤氏は、厚労省の事務次官もつとめた社会福祉行政の専門家だが、特定健診には憲法で保障された自由権を侵害する可能性があると批判する。何をどう食べるか、運動するかしないか。それはあくまでも個人の自由だろう。そこに医療費の抑制という、いわば公的な圧力をかけるのは憲法違反ではないか、という意見だ。いずれも、それぞれ説得力のある批判だ。どの批判者も、内臓脂肪の蓄積が健康被害につながること自体を否定しているのではなく、医療費適正化を目的として、メタボ対策に特化していることに対して異議を唱えているのだ。

私たちは、特定健診を実施している医師たちにもインタビューを実施した。インタビューした医師の中には、制度としての特定健診に距離をおいてかかわっているように見受けられる人も多かった。そもそも、長生きの人が増えると、それだけ高齢化がすすみ、全体としての医療費は増えるに決まっている、というような意見もあった。保健指導をして健康になったとしても、誰もがいつかは医療費がかかる状態になるのだから、という究極の意見だ。健康増進と、医療費削減という政策目標を、一緒に考えていいのかどうか。このあたりは、それぞれの社会観や倫理観が問われる、別の課題だろう。

制度が誕生して七年が経過した。当初のねらいや懸念はどうなっただろうか。医療費削減については、今の所は何とも言えないというのが現状だ。短期的には、やはり懸念されたとおり、医療費の増加につながっているように見える実態もある。たとえば、糖尿病患者は制度導入以来増加傾向にある。健診がこれまで捉えられていなかった患者を掘り起こしたのだ。一方で、厚労省は、制度の効果に関するエビデンス（研究成果による証拠）も集めているという。確かに関連学会では、指導を受けた人が、受けなかった人より医療費がかからないようになっているという研究報告も数多くなされている。ただ、個人単位の追跡調査は、少数の事例研究にとどまっており、国家レベルでの医療費削減をめざすという当初の目論見がどの程度実現可能かについては、現在のところ未知数である。

自由権の侵害、プライバシーへの介入ではないか、という懸念はどうか。この点については、心配されたほどの問題は起きていないように見える。先に見たように、指導する側も強制的にならないようにという配慮を十分しているし、なによりも、保健指導をうける人数が実際はとても少ないからだ。

特定健診は、導入当初、従来にはなかったような成果主義の仕掛けが組み込まれていた。健診の受診率や保健指導実施率の目標数値が設定され、その達成度合いによって、保険組合ごとの後期高齢者医療制度への財政負担額が増減されるという決まりだった。そのため、自治体の保健師や担当者たちは、受診率などの成績をあげろというプレッシャーをかけられた。広報活動など受診者を増やすための努力に多くのエネルギーを費やさざるをえない状況だった。しかし、目標値は、ほとんどの保険組合で達成できなかった。批判の声にあったように、はじめから高すぎる目標だったのだ。

男性の腹囲基準の厳しさをみてもわかるように、メタボ基準には多くの人がひっかかるのだが、すでに通院中の人が多い。そして、「動機付け支援」「積極的支援」の対象者となったとしても、わざわざ、指導を受けに保健センターや医療機関まで足を運ぶ人となると、ほんの一握りになってしまうのだ。

自治体の多くは、地域の医師会と協力し、医療機関に健診を委託している。集団健診を自治体主導で実施している場合もあるが、加入者に健診の受診券を郵送し、各自で医療機関に行ってもらう形式が一般的だ。医療機関で受診した場合、検査結果が返却される場面で、医師から結果説明を受ける。多くの場合、「動機付け支援」の初回面接は、その機会に、医師から実施されることになる。

開業医の中には、特定健診に参加していながらも、制度を懐疑的にとらえている人も少なくないことは前述のとおりだ。私たちがインタビューした中には、臨床医としての仕事と公衆衛生に関する仕事には根本的な違いがあり、どうしても積極的にはなれないと率直に語る医師もいた。

医師として普段行っている仕事は、目の前で病気に苦しんでいる人を助ける仕事だ。特定健診の厳しい基準値は、将来の病気を未然に防ぐための予防的数値になっているが、「要指導」という結果が出た受診者は、当然ながら「大丈夫なのでしょうか……」と心配する。その時、「大丈夫ですよ」と言って受診者を安心させてあげることが、臨床医の役割としては大切なのではないか、と話す医師もいた。「今は病気ではないのだから、気にし過ぎなくていいよ」と、患者の過剰な不安を取り除いてあげることが、「町のお医者さん」の役割だという意見だ。特定健診制度の趣旨としては、リスクを伝えて、生活改善に向かうよう導かなければならないのだが。

医師が結果説明と同時に初回面接までやってしまう。この方式によって、保健指導の実施率は一定以上に保たれている。ただ、当初のねらいから言えば、これは形式的な数字にも見える。保健指導の専門知識をもった保健師や管理栄養士が活躍する場は、制度導入時に想定されていたほどには広がっていないようだ。

自治体の保健センターなどでは、集団での保健指導の機会を設けている所も多い。しかし、集まってくるのは、時間に余裕のある六〇歳以上の高齢者がほとんどだ。また、わざわざ指導を受けにくるような人は、指導対象にはあてはまったとはいえ、はじめから健康意識が高いことが普通だ。比較的若い層の参加者は、女性の方が多い。仕事をもつ年齢層の男性では、なかなかそのような機会を利用する時間的余裕もないからだろう。つまり、本来のターゲットだった、働き盛りでお腹の出た男性が、保健指導を受け生活改善に到る、というケースは現状ではきわめてまれなのだ。

いつもこころにメジャーを

厳しい基準でメタボのリスクが高い中年男性を洗い出し、保健指導によって生活を改善し、将来の医療費を減らす。このような目論見で作られた制度だが、実際の運営の様子をみると、ちょっと明後日の方向を向いて動いているように見える。

では、この特定健診・保健制度は、どのような効果も及ぼさなかったのか、というとそれは違うだろう。制度化されるにあたり、メタボという概念が人々に知れ渡った。このことの意味は大きい。つい最近まで、ある種の男らしさをしめす記号でもあった喫煙が、どんどんマイナスの意味作用を持つものになっていったように、生活への無頓着さ、ダイエットなど気にせずガツガツご飯を食べるような「男らしい」ふるまいなどは、かつてないくらいに否定的な眼差しを向けられるようになっているのではないか。

当初、腹囲計測をバカにする声も大きかった。男女の基準が違うことに対する前述のような批判だけでなく、測る人によって数値が変わってしまうという曖昧さも批判されたし、何よりも、腹が出ているかどうかなど計測しなくても見ればわかるだろう、という意見もあった。

たしかにそのとおりだ。しかし、制度導入の推進派で、公衆衛生学の権威、多田羅浩三氏は、「メジャーさえあればいい」ことのすごさを強調する。内臓脂肪の蓄積量を正確にはかろうとすれば、ＣＴスキャンでもとるしかない。しかし、そんな大がかりな装置を使わなくても、大体の量が把握できるとすれば、素晴らしいことなのだ、と。

いつでも簡単に測れるということは、人々をして、常に腹囲（＝内臓脂肪の蓄積）を気にする状態にとどめおくということでもある。男性も、こころにいつもメジャーを持て……という時代の到来だ。見てすぐわかる、と文句を言う前に、これまでは見ないようにしてきた突き出たお腹を、ちゃんと直視しろということなのだ。

従来から、つねに体型を気にして生活してこなければならなかった女性たちと同じように、男性も、お腹を気にし、ダイエットしなければというプレッシャーにさらされるようになったのだ。特定健診がはじまったことを受け、食品業界や飲料業界も、メタボ対策を意識した商品を次々に開発して、ヒット商品も生み出している。たとえば、糖質オフをうたい文句にしたビールや、内臓脂肪を減らす効果をか

風呂上がりに鏡の前で

かげるお茶などの売れ行きは好調だ。実際にダイエットできたかどうかはともかくとして、気にしているということくらいは最低表現できないと、ダメな人間だと思われる。そんな時代がやってきているのではないか。

貧弱な身体はみっともないからトレーニングして鍛え上げた肉体を誇示したい。そのような、セルフイメージは以前にもあっただろうが、いわばナルシスト的な気分に支えられたものだったと思う。今日の男性が受けている、太ってはいけないというプレッシャーは、「男らしさ」の規範とは相いれないものだ。従来は女性だけに求められてきたような、他者のまなざしを意識した日常的な細かな気遣いが必要とされているのだ。

今日、未婚率の増加が問題視されている。五〇歳平均の未婚率は、別名生涯未婚率と呼ばれている。一九七〇年代までは、男女とも二パーセント程度の小さな数字で、若干女性が高いという状態が続いていた。しかし、九〇年代に入って、男女は逆転した。二〇一〇年のデータでは、男性二〇%、女性一〇%まで上がっている。七〇年代くらいまでは、「結婚できない問題」は、女性の問題とみなされていたのだ。女たちは「そんなことではお嫁にいけないよ」というプレッシャーを受け、女らしくあることを求められてきた。しかし立場は逆転し、今や、主として男性の問題となっている。男性は、選ばれる側として、品定めのまなざしを受ける側になってきているのだ。健康に配慮をして弁当を自作する「弁当男子」増加のニュースなど、同じ社会変動の現れ方の一つではないだろうか。

　腹回りにあらわれた内臓脂肪の蓄積。「そんなお腹では、お婿に行けないよ」。男性がこう言われて、おどされる日が来るのも近い。特定健診制度が、男たちに与えた影響は、決して小さいものではないのだ。

[注]
(1) Graves 2004
(2) 日本動脈硬化学会、日本肥満学会、日本糖尿病学会、日本高血圧学会、日本循環器学会、日本内科学会、日本腎臓学会、日本血栓止血学会。
(3) 船橋徹・野口緑編、松澤祐次監修『メタボリックシンドローム実践ハンドブック』二〇〇六。
(4) 兵庫県尼崎市、大阪府東大阪市、福岡県福岡市、北九州市、群馬県前橋市、高崎市の6つの自治体でインタビュー調査を行った。くわえて、民間企業向け健診センターの保健師にも複数インタビューを行った。

エッセー　僻目のベビーブーマー論4

劣化する財産

橋本　満

ニュータウンの「限界集落化」

戦後日本の経済成長期、ニュータウンが都市郊外に続々と建設された。大阪の千里ニュータウンが最初である。今では誰もに馴染みある、2DKとか3LDKとかの記号で、住宅の規模がわかるようになった。

最初は、公団住宅の大きさを示すための略号であった。Dはダイニングで K はキッチンである。2とか3とかは部屋数である。2DKとあれば、寝室が二つに居間と台所という構造で、八〇平米とあれば、およその家の規模がわかる。アメリカで、2ベッドルームズとあると、夫婦と子どもの寝室がふたつある家だというのと同じである。真似たのだろう。ただし、アメリカではDとかKがない。そんなものがあるのはあたりまえだからである。Lもない。リビングルームは部屋数のなかには入らない。

DとかKとかの記号で、住宅公団は開発した高層住宅、つまりアパートの大きさを示す。それまでのアパートといえば、二階建ての長屋であった。共同便所に共同炊事場、というのもあった。文化住宅とも呼ばれた。公団の「アパート」は、1Kとかのアパートに比べれば、台所に部屋が二つもあるという四〇平米ほどの「家」であった。玄関が各戸にあった。台所にはテーブルをおいて、狭いけれども食事をいっしょにとれるスペースがあった。DK、ダイニング・キッチンである。畳の上に卓袱台を置き、食事が終れば卓袱台を片付ける、という茶の間の生活は終り、椅子に座って食事のためのテーブルを囲むという新しいDKの家族団欒が始まった。高層であるだけでも新しいのに、生活様式も先進的であった。中心は、主婦である。

少し贅沢になり、LDKなるものも発明された。台所を広くして、食事の出来るスペースのほかに、ソファを置いてくつろげる場所を設けた。ダイニング・ルームというなら、欧米の映画に出てくるので知っている。シャンデリアがあって、長いテーブルにレースで飾られた白い布がかけてあり、真ん中に蠟燭、壁には暖炉、さらには、食事はサーヴァントが運んでくる。だがDKのテーブルには、食べ物がこぼれてもしみがつかない花柄のビニールの「テーブル・クロス」がかけてある。サーヴァントなどはもちろんいず、料理人兼用の奥様がどかっと食事を運んでくる。エアコンはいつ家のなかに入ってきたのだろう。2Kとかいう時代には、たしかに扇風機しかなかった。2LDKの時代となると、クーラー、カラーテレビがあった。ただ、LDKといっても、何のことはない、Dの大きいのをLDと称しただけである。基本設計は変らない「箱」である。ベビーブーマーは、結婚して、この種の「家」（マンションと呼ばれた）に群がった。

集合住宅だけでなく、一戸建て住宅も建てられていった。一戸建てといっても、集合住宅と同じように、ＬＤＫで規模をあらわす。床面積は七〇平米とか八〇平米とかに広がっていた。ただし、都心からずいぶん離れた「郊外」に新しい広い家はあった。安い土地にしか、家は建てられなかった。もちろん、車、カラーテレビ、クーラーは備えられて、３Ｃと呼ばれた「三種の神器」であった。神武景気の頃は、テレビ（白黒）、洗濯機、冷蔵庫、が「三種の神祇」であったから、ずいぶんと贅沢になったものである。

ベビーブーマーたちは、争ってニュータウンに家を求めた。電鉄会社は沿線にニュータウンを開発し、客を開発した。電車の本数はどんどんと増え、路線は延長された。遠い郊外に家を持ったため、男は朝早くに満員電車に押し込まれ、夜遅くにくたびれて帰ってくる、数時間の睡眠でまた出勤する、という生活で、高いローンを返していった。女は、男の留守の間、掃除機、カラーテレビなどの電化製品に囲まれて、昔の「妻」に比べれば、ずいぶんと優雅な「主婦」生活を楽しんだ。

景気がいいから、金利は高い。それでも住宅は飛ぶように売れた。景気がよいことはもちろんだが、住宅ローンが「発明」されて、住宅金融公庫という政府が保証する「ローン屋」ができて、いくらかの頭金があれば住宅を持てるようになった。政府はあまった税金で低利長期のローンを提供し、住宅公団から大規模から中小の開発業者が、集合住宅から一戸建てまでを雲霞のように建てた。ニューファミリーと呼ばれた若い家族は（その多くがベビーブーマーだった）、量産された新築住宅に入居していった。

たいていのニュータウンが、山の裾野に開かれた。それまで見向きもされなかった荒れ地である。急斜面である。ニュータウンの真ん中に急な坂道があり、ローン坂と呼ばれて、勤め帰りにあえぎながら登る、いわば我が家への難関であった。だが一歩を踏みしめるたびに、ローンが減っていくのが実感できた。

新しく開発された住宅地には、狭い年齢幅の住人しか住んでいない。ベビーブーマーを中心とする年齢層である。小さな子どもを持つ夫婦の、いわゆる核家族である。地方自治体は、幼稚園、保育園、小学校、中学校を新設したり増築したりして対応した。住民が増えるから地方税が増えて、それくらいの工事は問題なくまかなえた。だが、人口構成にかたよりがあるので、ニュータウンの老化は早かった。

政府も税金がどんどんと入ってくるから、大盤振る舞いだった。地方自治体に金をまいた。小さな地方の町までが、大きくて立派なホールを建てた。大都市のような立派なホールがあれば、都心から移ってきた新住民に気に入ってもらえ、さらに多くの住民がやってくるかと期待したのであろう。建物は立派に完成しても、イベントはそうは簡単に出来ない。バッハ・ホールとか、ベートーベン・ホールとか、名前も立派についてこけら落としをしても、こけら落としには中央のオーケストラを一度は呼んできても、あとは、町民カラオケ大会、というようなことにしか使い道がないホールだった。パイプオルガンという大げさな装置まで、中央の芸術コンサルタントの口利きで設置したホールもあった。だが、演奏する人はいない。

せっかく作った小学校も中学校も、嵐のようにやってきた新住民の子どもが卒業していくと、空き教室が増えるばかりであった。かつてのベビーブーマーが嵐のように去ったあとは平常に戻ったが、こんどの第二次ベビーブーマーが去ると、子どもがいなくなるのである。

都心の小学校からは想像できないほど広い運動場がある。この広い運動場に大勢の子どもが集って活気溢れた運動会も、町の老齢化でたちまち小さくなってしまった。一学年の運動会の練習かと思える規模が、全校大運動会になった。

銀行のニュータウン支店という看板から、いつのまにかニュータウンは削られた。それでも、小さな支店にしては客は多い。年金生活者が、振り込まれた年金をおろしにやってくる。あるいは、ロスジェネの子どもへの送金か。運の悪い老人は、振り込め詐欺の被害者にもなる。けれども、この小さな支店が近くの大きな支店に吸収されるのは時間の問題であった。

かつてのニュータウンを、通勤客でふくれるようにして運んでいたバスが満員になることはなくなり、乗っているのは老人ばかりである。そのうち、便数は減らされるだろう。

つい昨日まで朝早くからネクタイを締めて電車に乗っていたサラリーマンが、日中、買い物袋を下げて最寄りのスーパーから帰ってくる。奥さんに命じられて、夕食に必要な食材を補給しにいったのだろう。バスに乗るほどにはまだ衰えていない。あえぎながら、ローン坂を登る。そのうち、このスーパーも閉店だろう。

年齢の少し高い住民は、配偶者を失ったり、あるいは老人ホームへ移ったり、「ニュータウン」は確実に老化して、空き家があっちのブロック、こっちのブロック、と櫛の歯が抜けるように増えていく。子どもの世代はまず帰ってこない。一戸建ての家を持つという神話は、若い世代には通用しなくなっている。ポストにビラがつっこまれたままに放置され、玄関まわりには雑草が生い茂り、夏でも窓は閉め切られたまま、という家が目立つ。山間部に見られる過疎地域の限界集落が、郊外に出現している。ニュー・ゴーストタウンである。

劣化する財産

ニュータウンで獲得した住宅は、中流家庭の最大の財産であった。八%を越える利息の住宅ローンだった。二〇年というローンで、中年クライシスに耐えながら完済した時には、定年が待っていた。定年まで勤められるのは一握りの運のいい人たちで、たいていは、五〇代なかばで子会社に出向させられたり、勧奨退職金を餌に早期退職をした。その時手にした金で、金利の安くなったローンに替えて負担を減らし、うまくいけば完済した。手持ち資金は細る。だが、就職した頃に始まった新しい年金制度があるから、老後の心配はないはずだった。

バブル経済がはじけると、この虎の子の財産の価値が下落した。バブル経済の最中、二五〇〇万円ほどで買った家が一億とかいわれたのに、見る見るうちに初期投資の額を割っていった。家の価値とローン総額との差に愕然とした。数千万という金が消えてなくなっていたのである。ローンが残っていれば、便利な都心にマンションをと考えても、移るに移れないことになった。もちろん、虎の子と残した預金には、利息はほとんどつかない。

長く続くこの不況にあっても、豊かな老後をすごしている人たちがいる。国内旅行どころか、豪華客船に乗って世界一周をする人もいる。海外へ移住して贅沢な生活をし、時おり懐かしげに日本に帰ってくる人もいる。定年後の生活には、かえって大きな格差が生まれるようである。現役時代よりも、目に見えて大きな格差が広がっている。

企業に格差があるから、彼らの企業年金がよいから、連中は引退後も裕福な生活をしているのだろうか。長引く不況で企業年金も下げられているはずだから、それほどの違いがあるとは思えない。けれども明らかに違う。公的年金とあわせると、月に三〇万から五〇万ほども入ってくる人がいるようだ。個人の貯蓄額の差ではない。何か劣化しない財産をもっているのだろうか。同じ「中流」だったはずなのに、老後にかえって格差があきらかになる。見えなかったものが見えてくる。

（つづく）

第５章

男はなぜ自殺するか——女性の労働参加と男性の自殺

阪本俊生

一九九八年の日本の自殺増加について

日本の自殺者は、一九九八年に急増して三万人を超えた。この急激な変化について、ある経済学者は、これは社会的な要因ではなく、経済的な要因によるものだという。なぜなら社会や文化は一朝一夕に変わるものではない。だから、急な変化が生じたとしたら、それは経済によるものだ、というのである。

たしかに経済的変化は急に起こり、またその影響もすぐにでる。景気は一年もたたないうちに変わったりする。それによって会社経営が急に行き詰まったり、失業したり、給料が下がったりもする。一方、社会のしくみや文化、人々の意識や考え方はそう簡単には変わらない。だから、経済的要因だという意見には説得力があるように思える。だが、このときの日本における自殺の急増は、本当に経済的要因によるといってすませていいのだろうか。これまで、いくつもの分析が経済的影響を指摘しつつも、その背後に別の要因の影があることに触れてきている。だが、その背後要因については、まだ今ひとつはっきりとはしていない。

日本の自殺増加の原因を景気に帰したとしよう。その場合、日本の景気がよくならない限り自殺は多いままである。はたしてこれは、どうしようもないことなのだろうか。もし経済とは別の要因があるとすれば、そこに手立てもあるはずだ。

そもそも、一九九八年から増えたのは、主として男性の自殺だということが目につく。たしかに女性も増えはした。だが増加幅ははるかに小さい。いずれの先進国でも女性の自殺の方が少ないが、この場合、変化幅にかなりの差があるのが特徴である。また女性の自殺が、つねに増えないわけではない。一九五〇年代後半に日本で自殺が急増したときには、女性の自殺も男性と同様に急増した。したがって、今回は男性特有の何らかの要因とかかわっている可能性が高い。

社会学者の山田昌弘は、日本の男性の自殺には、「経済的動機というものの裏に、経済的でない動機が隠されている」として、次のようにいう。「借金にしろ、生活苦にしろ、自殺するのは男性である。同じように困るはずの妻子が自殺するというケースはまれである」[1]。たしかに不景気などの経済的な困苦は、男性だけがこうむるものではない。男女の別なく等しくこうむる性格のものである。にもかかわらず、なぜ男性の増加だけが顕著なのだろうか。

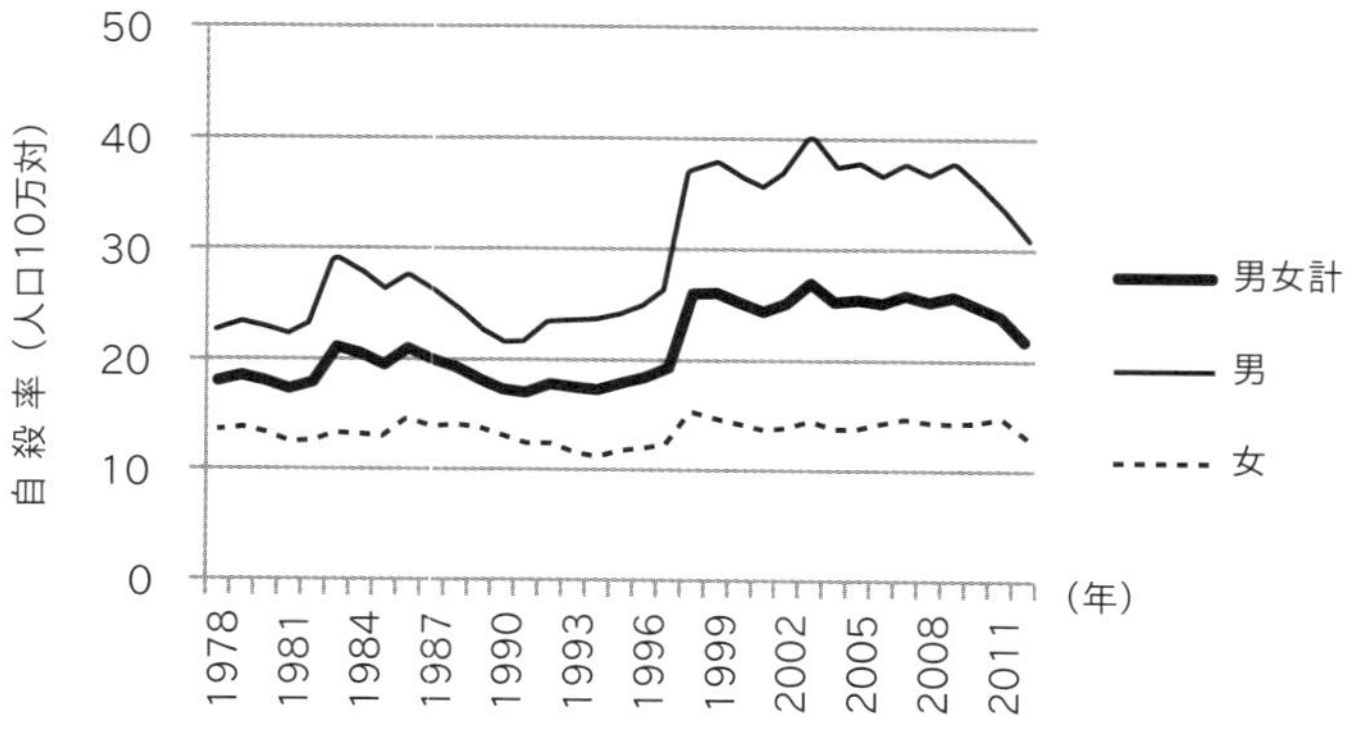

図5-1　日本における自殺率の男女の年次推移
（人口10万人あたりの自殺死亡率、警察庁生活安全局地域課『自殺対策白書』（平成25年）より）

不景気や失業に弱い日本の男性

日本の男性は不景気や失業にかなり弱いようである。他国に比べ、日本の男性の自殺が、景気や失業率との結びつきが強いことは、しばしば指摘されてきた。岩波明は、日本は他国より失業率が低い割には、自殺率は高いという。澤田康幸らは、一九八〇年以降、二〇〇〇年までの「日本と他のＯＥＣＤ諸国との自殺率の違いのうち、約一九％が、日本の失業率の自殺率に対する反応度の高さによって説明できる」としている。[2] また、女性よりも男性の方が明らかに失業の影響が大きい。

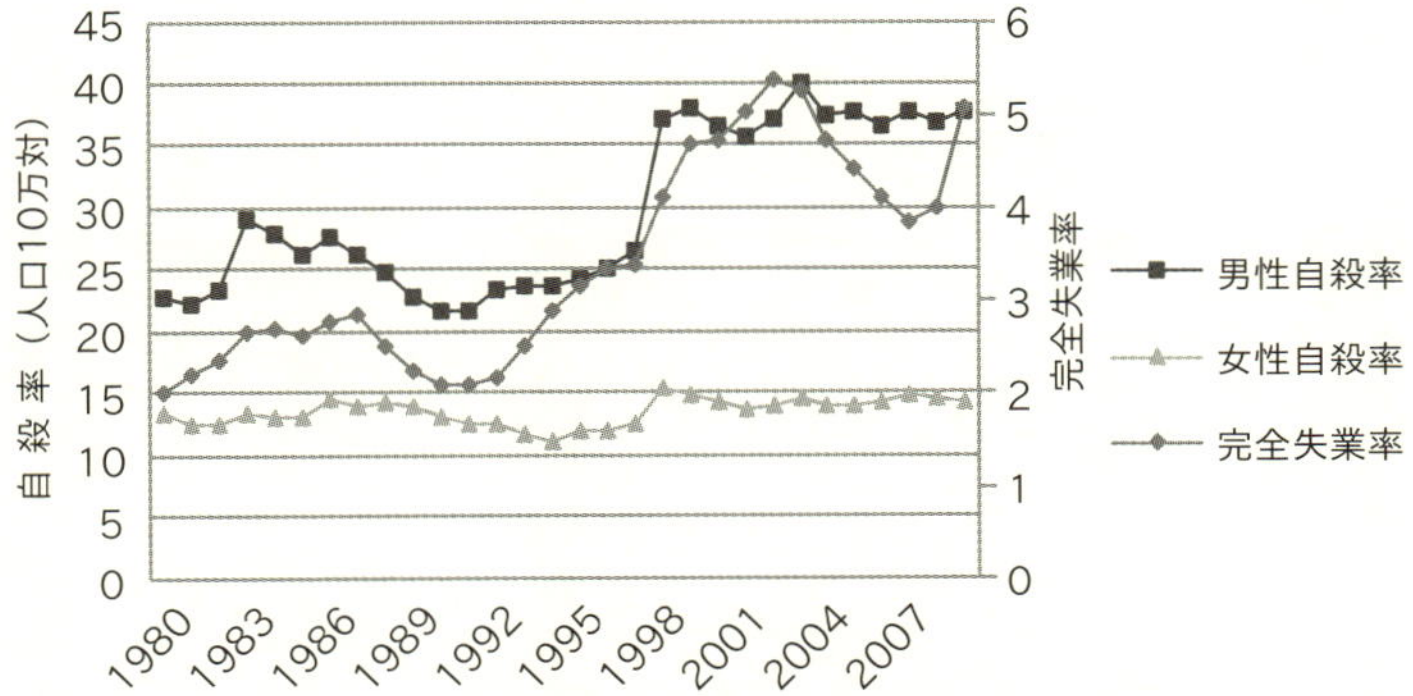

図5-2　日本の男性と女性の自殺率と完全失業率の年次推移
（IMF 統計データおよび警察庁生活安全局地域課『自殺対策白書』（平成25年）により作成）

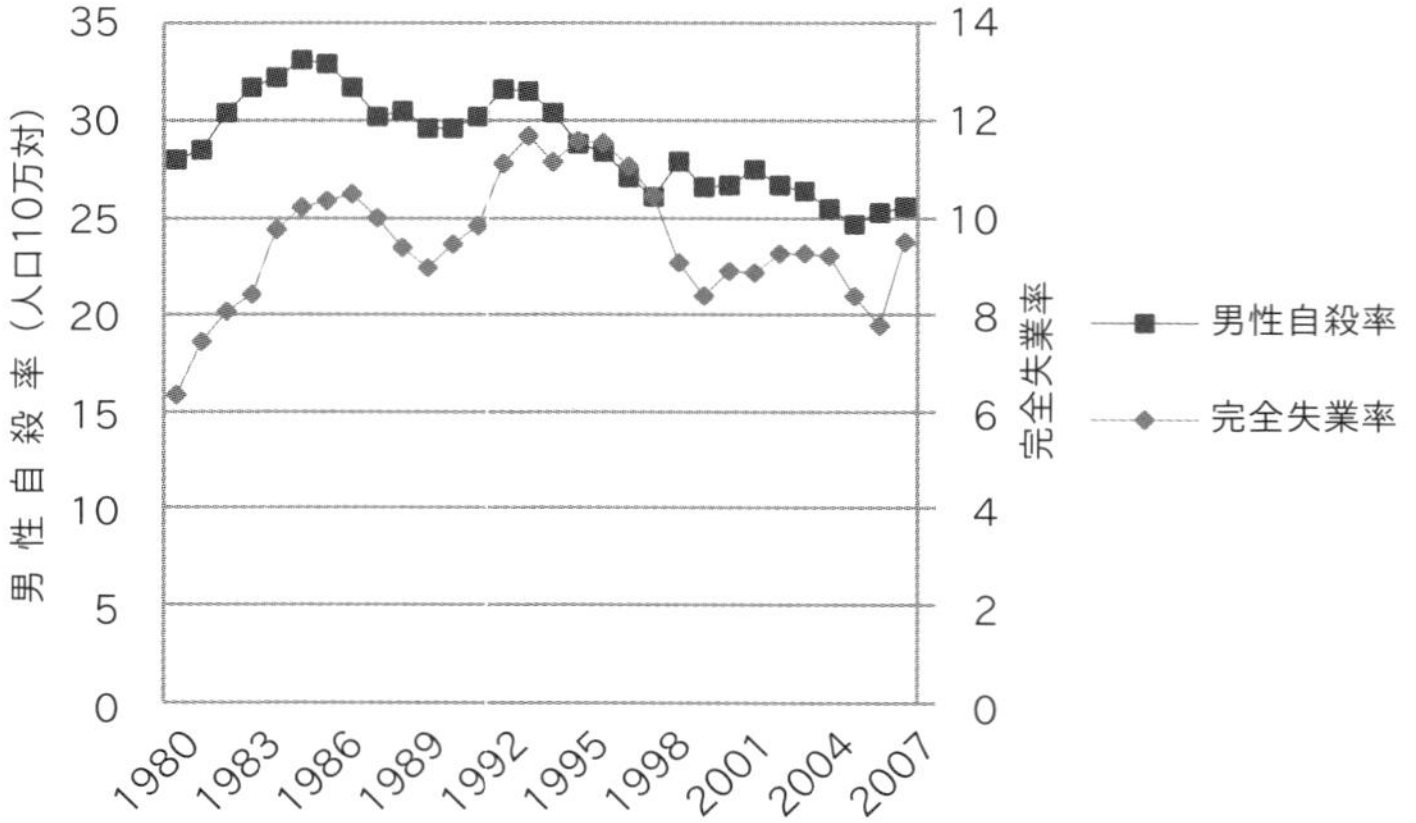

図5-3　フランスの男性自殺率と完全失業率
（IMF統計データおよびEurostat統計データにより作成）

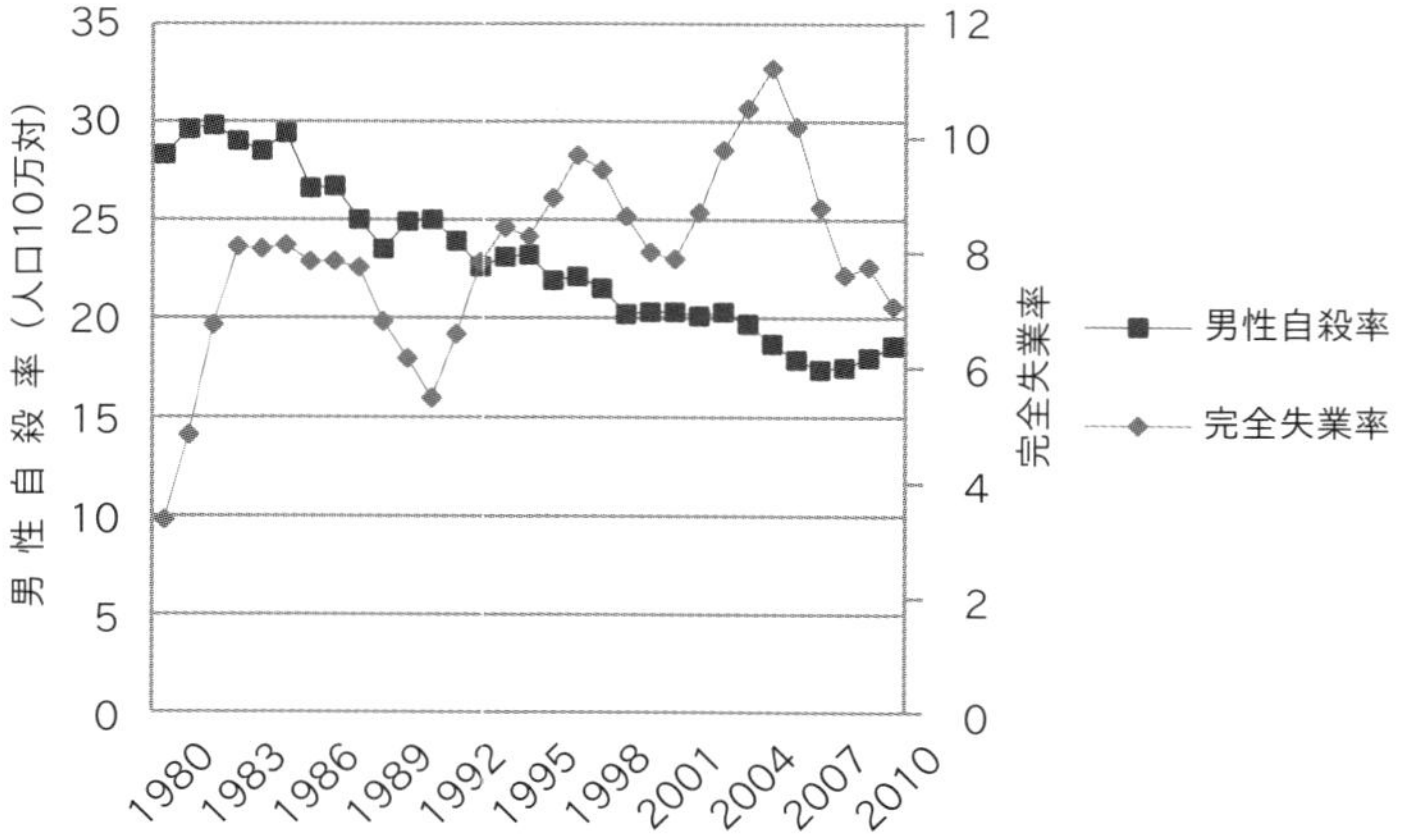

図5-4　ドイツの男性自殺率と完全失業率
（IMF統計データおよびEurostat統計データにより作成）

経済的動機の裏に隠された、「経済的でない動機」とは何なのか。これは「「男は仕事、女は家事」という性役割分業の負の遺産に苦しめられている男性という構図」だ、と山田昌弘はいう。「共働きが一般的な北欧では、失業率など不況で自殺率の相関関係はみられない。スウェーデンでは、むしろ、失業が増大したら自殺が減ったという統計がある」として、「日本における男女共同参画や社会保障制度の立ちおくれが、経済的動機による自殺を増やしているともいえる」と指摘する。(3)

社会によって異なる自殺と経済との関係

「経済的動機の裏に隠された、経済的でない動機」とは何か。社会学者にとっては、これこそがまさに社会だといえよう。現代のフランスの社会学者、クリスチャン・ボードロとロジェ・エスタブレは、経済的に豊かな人びとや地域よりも貧しい人びとや地域の方が、自殺が多いということを統計的に確認している。

それは当たり前だ、と思われるかもしれない。だが、自殺研究の古典であるエミール・

デュルケムの『自殺論』によれば、貧しい人びとや地域の自殺率は低く、経済発展した地域や裕福な人びとの自殺が多い。そして、実際にこの本が書かれた一九世紀の統計をみればそうなのである。ここから彼は、貧困には自殺の抑止力があるとした[4]。

ボードロたちは、デュルケムのこの仮説が現代にもあてはまるのか調べた。そして、少なくとも二〇世紀の西ヨーロッパでは、それがあてはまらなくなっていることを確認する。一九世紀では、経済発展して豊かになりつつある地域や人びとに自殺が多かった。だが、二〇世紀に入ると、その反対に、豊かな地域の自殺は減る一方で、経済発展の遅れた地域の自殺が増えるようになっていた。つまり、一九世紀と二〇世紀後半では、自殺と経済状況との関係は反転していたのである。

では、なぜ反転したのだろう。そこで想定されるのが、社会というものの存在である。一九世紀から二〇世紀への世紀の変わり目のあたりで、ヨーロッパ社会が変わったから、経済と自殺との関係も変わったという見方である。実際、現在でも貧しい人びとの方が、豊かな人びとよりも自殺の少ない社会がある。まさにデュルケムのいう貧困の抑止が働いているような社会であり、インドがその一つだとボードロたちはいう。インドは、今日、伝統的社会から近代社会へと急速に移り変わりつつある。現代のインドは、一九世紀のヨーロッパ社会と状況が似ているのではないか、とボードロたちはいう。いずれにせよ、社会が違えば、自殺に対する経済の影響の仕方もまったく変わるのである。

同様に、自殺と失業率や景気との関係も、社会によってまちまちである。いまの日本では他の国よりも、失業率があがると男性の自殺が増えやすい傾向がみられる。先ほどのスウェーデンと同様、イギリスでも「一九五四年から一九八〇年でみると、失業率が上がっても自殺率は下がっている」とする研究がある。[5] デビッド・レスターたちが日本人とアメリカ人を比較した研究では、アメリカ人は失業と自殺に有意な関係がない一方で、日本人男性にとっては大きな自殺リスクとなっているという結果をだしている。[5]

このように、社会が違うと失業と自殺の関係も変わる。一見、経済状況が自殺を引き起こしているように見えていても、実際は、それらの背後にある社会によって、経済状況と自殺の関係がつくられている、と考えるのである。[7]

ボードロたちの研究は、自殺に関して、今日の私たちが当たり前だと思っていること(すなわち、経済が好調であれば自殺は減る)を、あらためて確認したのではない。このことは強調されるべきだろう。むしろ、今日、私たちが当たり前と考えている、経済と自殺の関係は、まさに二〇世紀後半の、ある一定の(地域や国の)社会の特質に過ぎない。したがって、社会のしくみが変わると、経済と自殺との関係も変わりうる。彼らの研究が示しているのは、このようなことである。

なぜ日本の男性自殺は増えたのか

ボードロたちは、第二次世界大戦後の一九四〇年代後半から一九七〇年代までを栄光の三〇年と呼ぶ。彼らの国フランスをはじめとする西欧先進国では、経済は大きく成長し、個人消費も高まり、失業率は低く抑えられ仕事も安定していた。この時代は、まさに経済的豊かさこそが自殺を抑止するタイプの社会であった。より大きく経済発展した地域の自殺率は低くなる一方、そうでない地域では、自殺率は高くなる傾向が見られる。また、階層的にも裕福な人びとの自殺は減り、貧しい人びとの自殺が増えた。

これは日本もほぼ同様である。一九五〇年代末に一時的な自殺の急増はあったものの、その後は高度経済成長とともに、日本の自殺率は安定的に抑えられていた。だがこの間、もともと自殺が多くなかった秋田県や青森県の自殺は増えていき、大都市圏は減少していった。つまり、経済発展の速い地域の自殺は減り、そうでない地域の自殺は増えたのである。

だが、その後一九八〇年前後に、世界の先進国で転機が訪れる。欧米でも日本でも経済成長の速度が鈍り、低成長あるいは安定成長の時代にはいる。もちろん、変わったのは経済だけではない。この時期にグローバル化が急速に進み出したり、いわゆる大きな物語の消滅を唱えるポストモダン思想が流行したりする。有力な社会学者たちは、この頃に社会の転換が起こったことを指摘している。アンソニー・ギデンズは近代のラディカル化をいい、ジークムント・バウマンはリキッド・モダニティへの変化を、ウルリッヒ・ベックはリスク社会化や個人化から、第一の近代から第二の近代への転換を論じ、これらの見方は概ね支持されてきた。

この時代以降、たしかに社会は流動的になり、人びとの生活は足元からぐらつきやすくなり、将来の見通しも立ちにくくなっていった。先進国の多くでは、失業率が上昇し、仕事も不安定になる。一方、家族関係においても、離婚率が上昇し、出生率は低下した。個人主義化し、地域や親族とのつながりがどんどん薄くなってきた近代人にとって、社会生活の基盤となっていた職場や家庭は、以前よりも壊れやすく、頼りないものとなった。

こうした状況の変化は、自殺と経済との関係にも影響したのであろう。この転換期（一九八〇年前後）には、先進国の多くに自殺率の上昇が観測される。日本も例外ではなく、一九八〇年代半ばに戦後の自殺の第二のピークがみられる。そして、これをどのように乗り切るかが、この時代の社会の課題であったといえよう。ただ、このときの自殺率の上昇は、いずれの国も比較的短期間に終わり、日本も数年で終息している。

ただし、一九八〇年頃のピークのあとの自殺率低下の事情は、日本と他の先進国とではかなり違っている。日本

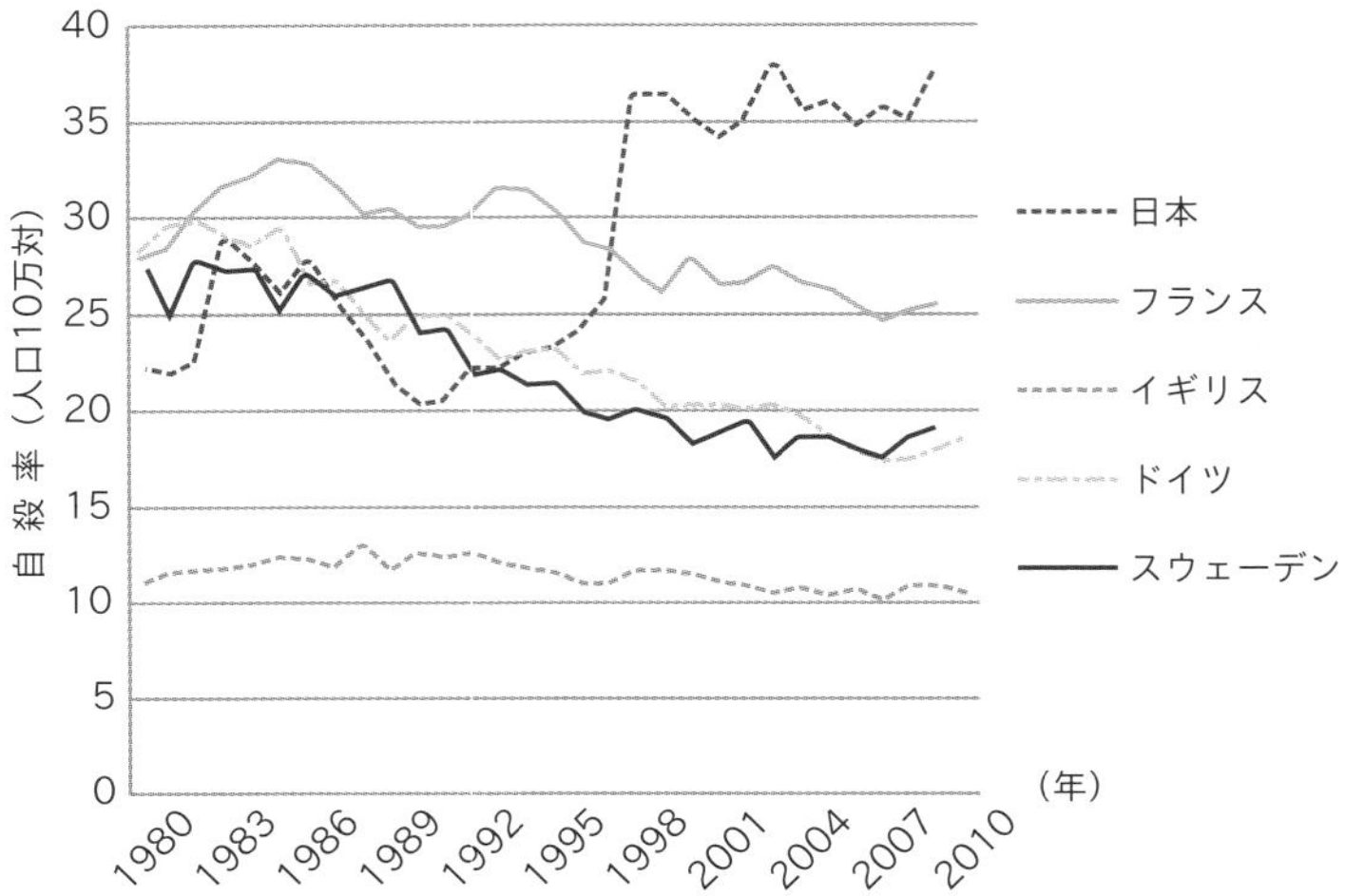

図5-5　自殺率の年次推移（男性）

1980年以降の自殺率の推移の国際比較（WHOより）

では一九八〇年代の後半から、いわゆるバブル経済がおとずれて好景気に沸くようになり、失業率も低下し、所得も上昇した。つまり、日本の自殺率の低下はこうした経済的好調を背景としていたといえよう。一方、他の先進国は、必ずしも景気が日本のようによくなったわけではない。むしろ経済状況とは無関係に下がっている。たとえば図5－3、図5－4のフランスやドイツの失業率は、一九八〇年以降に高くなっているにもかかわらず、自殺は減ってきている。

だとすれば、この頃の日本の自殺が抑止された理由と、他の国々のそれとは異なっている可能性が考えられる。すなわち、日本の自殺が減ったのは、単に経済状況（景気）がよくなったからにすぎない。だが、他の先進国はそれとは別の理由で自殺が減るようになったという可能性である。

ボードロたちがいうように、一九七〇年代までの先進国は、経済的豊かさが自殺を抑止するタイプの社会であるとすれば、一九八〇年代後半の日本の自殺減少は、やはり景気回復によるものだから、基本的には一九七〇年代までと変わらなかったことになる。だが、他の先進国はそうではない。それらは、必ずしも景気がよくなって自殺が減少したわけではないからだ。だとすると、それらの国々では、この時点で経済と自殺との関係に何らかの転換が生じた可能性がある。すなわち、それまでの経済発展することで自殺を抑止し、不況になると自殺が増えるような栄光の三〇年型の社会から、別のタイプの社会へと、いわば社会のバージョン・アップが生じた可能性である。

一方、日本では、それがおこらなかった。経済状況と自殺との関係が以前のままの社会にとどまった。だから、一九九〇年代後半に経済状況が悪化すると、それがそのまま自殺に反映され、以来一〇年以上も男性の高自殺率が続くことになったのである。つまり、欧米先進国では、すでに自殺と経済とが連動しない社会になっていたが、日本は相変わらず、一九七〇年代までと同じ自殺と経済とが連動する社会のままであった。そして、このことが一九九八年からの自殺の急増をまねいたということである。

日本における急激な自殺の増加は、冒頭の経済学者の指摘通り、直接的には社会変化によるのではなく、経済状況の悪化によるものであったかもしれない。ただし、それには社会変化がかかわっている。すなわち、社会が変化したから自殺が増えたのではなく、他の先進国のようなかたちでは社会が変化していなかったから、自殺と経済との関係も従来のままであった。そのために一九九〇年代後半の急な経済悪化に連動するかたちで、急激に自殺が増えたともいえるのである。

つまり、一九八〇年代に他の先進国と同様の社会変化が日本におこっていたならば、これほど急激な自殺の増加を招かなかったかもしれない。なぜなら、その社会変化は、経済状況と自殺の関係を変える社会変化であったからだ。かつての栄光の三〇年の時代のまま、すなわち経済状況と自殺とが連動するタイプの社会を続けながら、バブル景気の崩壊に突入し、経済低迷が続いたことが、日本の長引く高自殺率の状態をもたらした可能性があるということだ。

社会変化のはじまりはどこから?

では、他の先進国において、いかなる社会変化が起こっていたというのだろう。また、日本は何が変わらなかったのだろうか。自殺における経済的動機の裏側には社会的要因があるとした山田昌弘は、男女共同参画や社会保障制度の立ちおくれを指摘している。

一九九八年からの自殺増加について、日本の福祉政策が指摘されることもある。だが二〇世紀の前半から高福祉政策をとっていた北欧諸国は、もともと高自殺率であり、一九七〇年代には高福祉が自殺をむしろ促進するのではないかといわれてもいた[8]。したがって、福祉政策が必ずしも自殺を減らすとは限らない。また、社会保障や福祉政策は、西欧先進国のあいだでも、かなりのばらつきがあるといわれるが、一九八〇年代以降は、いずれの国もほぼ一様に自殺率が低下している。さらに、高福祉とはいえないアメリカでも、この時代以降、自殺は減ってきている。したがって、欧米諸国と日本の一九八〇年以降の自殺傾向の違いを、福祉政策に求めることには無理がある。

自殺をもたらす大きな要因としてはうつ病もあげられる。精神科医の張賢徳によれば、自殺者の遺族からの聞き取りなどを通じて、その死の直前の様子を医学的に調べた（心理学的剖検）ところ、自殺者の約九割が、死の直前にうつ病の症状を示していたという。しかし、うつ病患者の増加は、現代の先進国に共通に見られ、当然、欧米諸国においても増加している。にもかかわらず、これらの国々で自殺は減少しているので、少なくとも自殺率の変化とうつ病を結びつけることにも無理がある。精神科医の今井保次は、「自殺はうつが原因であるとはいえない」として、うつ病を含む気分障害の国際比較によれば、その有病率と自殺率には相関がないと指摘している[9]。

さらに治療方法の違いも考えられるが、精神科医の冨高辰一郎によれば、「新規抗うつ薬

（ＳＳＲＩ）の普及が遅れたドイツや東欧でも、自殺率低下が始まった時期は、ＳＳＲＩの普及が早かった国と変わらない」という。[10]張賢徳によれば、「日本は抗うつ薬処方量と自殺率が相関しない国として指摘されている」ともいう。[11]多角的な視点から日本の自殺を分析した京都大学経済研究所の報告書は、「うつ病等精神疾患に対しては抗うつ剤など薬物による治療が推奨されているが、自殺者数がこれだけ急増する状況になっていることを考えると、背景にある危険因子（ストレスとなる要因）を検討し明らかにしていくことが重要と考えられる」として、背景に別の要因があることを示唆していた。

たしかに、自殺そのものは社会福祉やうつ病と深くかかわっているであろう。だが、一九八〇年以降の、日本と欧米の違いをもたらした社会変化を考えるさいには、それらは的はずれである。ただし、つぎのようなことはいえるかもしれない。日本は他の先進国にもまして、職場や家庭のぐらつきには弱い（しかも、とくに男性が弱い）社会である。したがって、それらがゆらぐとき、他の国々にもまして自殺が急増する恐れがある。日本は近代化のなかで、自らのセーフティネットとして、職場や家庭に依存する傾向の強い社会だったといえるからだ。[12]だとすれば、社会変化についても、職場や家庭のあり方の変化から考えていく必要があるといえよう。

女性の社会参加はどうかかわっているか?

この時代に、これらの国々に共通する大きな変化の一つとしてあげられるのは、女性の社会参加、そして労働参加の高まりである。もともと、欧米先進国の女性の労働参加度は、けっして高くはなかった。実際、一九六〇年ごろの女性労働力率は、日本の方がはるかに高いといわれる。だがその後、それらの国々では女性労働力率は上がり続け、一九八〇年代半ばごろには日本よりも高くなっている。

かつてデュルケムは、「男女が平等に社会生活に参加していないこと」が男性の自殺の原因の一つとなっている、といっていた。[13] 女性の労働や社会への参加は、家族のあり方、結婚、離婚、出生、職場組織や職業観、家族観、そして男女関係のあり方など、多方面に影響をあたえる大きな社会変化である。だとすれば、これはヨーロッパにおける自殺率の傾向と、何らかの関係がないはずはない。

スティーヴン・スタックは、一九四八年から一九六三年までと、一九六四年から一九八〇年までの二つの期間における、女性の労働参加と男女の自殺率との関係を調べたところ、前者の期間では、女性の労働参加は男女ともに自殺率を高めていたが[14]、後者の期間では女性の労働参加と自殺率との関係はなくなっていた。

ただし、男性においては、女性の労働参加が自殺率を高めていた。後者の期間の女性における変化についてスタックは、ジェンダー役割の変化や女性の労働参加への文化的支持によって特徴づけられる解放の時代、女性の労働参加と女性の自殺の関係はなくなったのではないかとみている。

その後、マッコール・J・A・バーたちは、一九七〇年と一九八〇年の二つの時点を比較した[15]。それによれば、一九七〇年においては、女性の労働参加は、女性の自殺率を高めてはいなかったが、幼い子どもをもつ既婚女性の自殺率は高くなり、また男性の自殺率も高くなることがわかった。ところがこの関係はわずか一〇年のあいだに逆転する。一九八〇年の時点では、女性の労働参加は女性の自殺率を低下させていただけでなく、男性にとってそれは自殺率を低める効果がみられたという。一方、失業率に関しても、一九七〇年では、失業率は自殺率と男女ともに正の相関であった（失業率が高まるほど自殺率も高まる）が、一九八〇年の時点では、男女いずれにおいても失業率と自殺率の相関はみられなくなったという[16]。

この結果についてバーたちは、一九七〇年の時点においては、男性は働く女性の地位や役割変化に脅かされていたが、一九八〇年では、アメリカにおける働く女性の一般化とともに、このような変化への男性の適応がおこったのではないか、と解釈している。そして、この適応と関連して、男性たちは給料が伸びなくなったときに、生計の稼ぎ手としての負担軽減という恩恵を受けるようになったのではないかとみている。

日本は一九八〇年頃まで経済成長下で女性労働力率は低下し、その後も少しずつ高まってきてはいるものの、いまでも欧米の先進諸国にはおよばない。また、しばしば指摘されてきたように、それらの国々と比較して、男女の賃金格差は大きい[17]。また、女性管理職の割合はきわめて低く、パートタイム労働者の比率が高い。そして、これらの多くは、日本と同様、近年、自殺率が急速に高まった韓国にも共通している。

賃金格差などの背景にあるのは、出産・育児による離職率の高さである。三〇歳前後に労働力率の落ち込みがみられる、いわゆる女性労働力率のM字カーブは、女性が結婚や子育ての時期に、いったん仕事をやめ、その後再び再就職することを意味している。近年、女性の労働力率は上昇してきているとしても、女性の再就職の多くはパートや派遣労働である。そして、日本における正規社員とパートや派遣労働などの、いわゆる非正規社員の賃金格差は大きく、後者の雇用は不安定である。したがって、日本社会は、女性が安定的な経済力を担えるしくみになっていない。

これは経済力をもつ男性に女性が依存するという、男性稼ぎ手家族を基本とする社会が一九八〇年以降も持続してきたからである。逆にいうと、M字カーブを解消してきた欧米諸国では、それとは異なる家族や夫婦の形態の社会へと向かい、そのような国々において、男性の自殺率は（そして女性の自殺率も）低下してきた[18]。

自殺と経済とのかかわり方に新たな変化をもたらし、男性の自殺を抑止するようになった社会変化とは、男女が平等に社会参加する社会への移行であった、といえるのではないか。欧米諸国の多くにおいて、一九八〇年代にこのような社会変化がおこったわけだが、日本にはそれがおこらなかった、あるいは少なくとも、きわめて緩慢なかたちでしかおこらなかった。このことが、その後、経済状況が悪化したさい、職場や家庭の不安定な状況とあいまって男性の自殺の急増および、長期にわたる高い自殺率状態につながったのではないだろうか。

他人に合わせる顔がなくなるとき

ところで、これは男性における稼ぎの有無や多い少ないといった、経済の中身やそれによる生活苦の話に向かうべきではない。重要なことは、自殺と真にかかわっているのは、お金や経済の実質ではなく、むしろ人間関係の問題、あるいは社会における男性の居心地の悪さや、みじめさ、家族や周りの人びとに合わせる顔がない、といったところにある、ということを忘れてはならないだろう。

かつてヘンリーとショートが自殺率を調べたとき、不況のときに貧しい人びとよりも豊かな人びとの自殺が増加した。これについて彼らは、不況時には、貧しい人びとは自分のみじめさを不景気のせいにすることができ、自殺したいという思いはより少なくなるからだという[19]。この解釈は興味深い。つまり、不景気になると、稼ぎが悪くなったり、失業したりしても、それを正当化する理由ができるために、周りの人びとと合わせる顔がなくなることはない。だから自殺はかえって減るというのだ。

日本における男性の場合も、失業や倒産が自殺に結びつくのは、単に稼ぎがなくなることによる経済苦からではない。それによって、周りの人びとに合わせる顔がなくなるとき、自殺をしたくなるのではないか。男性稼ぎ手型の社会において、失業や倒産が増えると自殺者が増えるのも、問題の本質は失業による生活苦ではない。むしろ、失業によって男性が人に合わせる顔を失うという男性役割の面から考えねばならないだろう。

だとすれば、稼ぎがなくとも、他人に合わせる顔を失わないですむ社会や、男性役割を見直すような社会的意識の構築や浸透こそが、自殺対策としてもっとも求められるのではないか。一九八〇年代以降の日本と、社会変化した欧米の違いの根幹にあるのもおそらくこれである。そして、さらにいえば、近代以前は、日本でも男性の経済力や稼ぎといったものは、おそらくは今日ほどは男性の顔（あるいは体面）と直結していな

かったであろう、ということを付け加えておく。

[注]

(1) 山田昌弘(二〇〇三)

(2) (澤田他二〇一〇)また、澤田康幸を含む別の研究は、日本の自殺が社会経済変数の影響が大きいことを指摘し、日本を除くOECD諸国と比較した日本の自殺の特徴について、つぎのようにまとめている。社会経済的なインパクトが性別や年齢によってかなり違っている。収入上昇は自殺率を下げる。格差拡大は自殺率を上げる。経済により敏感である(Chen 他 2007)。

(3) 山田昌弘(二〇〇三)

(4) これに関するデュルケムの解釈は、近代化と経済発展は、過度の個人主義化へと人びとを向かわせ、社会における連帯を弱めてしまうからだと考えた。そして、社会とのかかわりから距離をおく人びとは、そのことから自らの生きる意味を見失いかねず、そのために自殺へと向かいやすくなる。一方、貧しい社会の多くでは、いまだ伝統的社会の縛りが残され、個人主義化の度合いも低く、社会的連帯が保たれている。そのために自殺は抑止される、というのがデュルケムの見方であった。(ちなみに、これは今ではまったく逆である。現代の多くの研究が示しているところでは、今日、経済的に豊かな人びとより、貧しい人びとの方がはるかに社会的にも孤立しやすい)

(5) Kreitman (1984)

(6) レスターたちの一九五三年から一九八二年までの期間に関する研究では、失業率と自殺率および女性の労働参加と自殺率との関係について、日本人の男性のみ自殺リスクとなっているが、日本人女性やアメリカ人の男性と女性ではそうではない（Lester 他 1992）。

（7）谷畑健生によれば、現代の日本の場合も最近では、失業とは別の要因も疑われるようになっている。「不況の表現形である完全失業率と自殺死亡率の関係は男性の五〇歳以上で関連を示しているようにみえたが、時間性を加えて検討した場合、完全失業率の上昇が直接に自殺死亡の増加に関係しているとはいえない。五〇歳以上の男性の自殺死亡については、一般的には不況が要因であるとされてきたが、実は不況以外の要因も加わっていることがいえる」（谷畑二〇〇四、五二頁）。

（8）澤田徹郎は一九七七年の論文において、スウェーデン、フィンランド、デンマークといった福祉国家において中年後期のまでの自殺率が高いことについて、福祉が高度化しているが逆に生きがい、勤労意欲、生きる緊張感などを喪失しているからだと解釈している（澤田一九七七）。

（9）今井保次（二〇〇六）

（10）冨高辰一郎は、自殺の要因として日本特有の自殺観があるという。だがそれならば、なぜ今日、自殺が増えているのであろうか。冨高氏は、実は「戦前も現在も、四〇代、五〇代の男性自殺率は大きくは変わらない」として、増加は高齢化によるものだという（冨高二〇一一）。だが、年齢調整しても、やはり一九九八年以降は、他の多くの期間よりも自殺率がかなり高い。

（11）これに対して、張賢徳たちは、都道府県別のデータを用いてこれに対する反証をおこなってもいる。そこから、積極的な精神医療が自殺を防ぐ可能性が示唆されたとしている（張・他二〇〇六）。

（12）ベックは、後期近代のリスク社会化のおけるリスク保障には、国家統制モデル（福祉国家）、社会モデル（家族や企業がリスクを引き受ける）、新自由主義モデル（個人が自らリスクを処理する）の三つのモデルがあるとしたうえで、日本におけるリスクの備えは、社会モデルであるとしている（Beck 2011 p.84）。

（13）自殺をもたらす「このアノミーは、男女が平等に社会生活に参加していないことから生じている」という。また「男子が社会生活に積極的に参加しているのに反して、女子はほとんど遠くから傍観しているにすぎない」ともいう（Durkheim 1897訳 p.494）。

（14）スティーヴン・スタック自身、これを自殺の理論を文化的コンテクストに基づく歴史の理論へと統合する研究として位置づけている（Stack：一九八七）。
（15）Burr, J. A., McCall, P. L. and Powell-Griner, E.（一九九七）
（16）自殺率と失業率や女性の労働参加との関連については、この研究に先行して、レスター、本橋、ヤングによる研究がある。そのなかで彼らは、ピアソンの相関係数においては、日米両国ともに失業率は自殺率に正の相関を示しているが、重回帰分析では、失業率と男性自殺率との関係は、日本では正の相関を示すが、アメリカでは負の相関を示すとしている。また、女性の労働参加についても、重回帰分析では、日本では正の相関が、アメリカでは負の相関がみられるとしている（Lester 他 1992）。
（17）アメリカ、イギリス、ドイツ、フランス、スウェーデンと比べて、日本と韓国は男女間賃金格差が突出して大きい（一九九〇―二〇〇八年）。独立行政法人　労働政策研究・研修機構『データブック国際労働比較二〇一二』第五―一〇表、第五―一一表、p.173。
（18）ちなみにアメリカ、カナダ、オーストラリア、ドイツ、フランス、スウェーデンの一九八〇年から二〇一〇年までの男性自殺率と完全失業率のあいだの単相関をとってみたが、相関はみられなかった。
（19）（Henry 他 1954）　また、この議論に関しては、（Lester 他 1992）も参照。

エッセー　僻目のベビーブーマー論5

年金・介護

橋本　満

年金

ベビーブーマーが社会に入ったころに、現在の年金制度が始まった。厳密には、少し年長の連中から始まっていた年金制度があったが、これがいささか改訂されて現在の年金制度ができたのである。五五歳まで働けば、退職金は二〇〇〇万円、年金は月々に二五万円、という安定した老後生活が描かれた。この金額に見合う介護つき老人ホームも現れた。年金の掛け金は、雇用側と折半、という甘い言葉に乗せられて、長生きをすれば「儲け」になると信じられていた。雇用側と折半、と言ったって、打ち出の小槌があるわけでなし、所詮は給料からその分をとっておいて、年金基金に納入するまでの間の利息稼ぎにもなる、という企業側の思惑だったろう。オーストラリアのように、給料の額に関係なく一定の金額を企業が納めるのなら、企業負担というレトリックもまだ理解できるが、給料に一定の率をかけてその半分というのなら、「企業負担」ではないだろう。

五五歳から年金が支給されるはずが、ベビーブーマーが定年になる頃には延長された。

五五歳が六〇歳に延長され、まだ若くて元気だから退職には早いだろうと喜んだが、それもつかの間、六五歳にまで延長された。つまり、年金支給は六五歳にまで先送りされ、六〇歳から支給を希望すれば減額します、となる。五五歳を六五歳に延長しておいて、早く欲しいなら支給額を減らす、というのである。企業は、そうは簡単には六五歳まで雇用なんかしてくれない。ということは、結果的に年金が減らされていることになる。待遇も悪いし給料も低い、という居心地の悪い出向先だから早く辞めたいけど、安くなった年金では生活できない。主婦は、正妻なのに3号などという名のつく身分の基礎年金で、これとて掛け金は給料から天引きされていたのである。気づかなかった。

これまで収めてきた掛け金はどうなったのだろう。バブル景気のころ、年金財団とか、健康保険組合とかが、保養地なるものを競って建てていた。バブル経済がはじけて、何十億という投資で作られた施設は、二束三文で売却された。かつての「ニュータウン」に建つ夢のマイホームと同じように資産価値が落下して、収益の上がらない施設はたたき売られたのである。売却は経営的に見れば仕方ないけれども、その損失はだれが埋めるのだ、と、そこで思い当たるのは減らされた年金である。

現行の年金制度は、世代間の相互扶養です、若い世代は上の世代に、若い世代が齢をとればさらに下の世代が面倒を見てくれます、といわれても、小学校以来、若い世代の人数が少ないことはよく知っている。だいたい、結婚の時期、すでに問題になっていた。男には年下の配偶者の人口が少なかった。同年結婚が多いから、戦後民主主義の浸透もあって、あたかも友だちのような平等な夫婦関係が推奨されたかのようだが、実際には、同年結婚をさせないと未婚の男女が膨大に残るという計算だったのか。友愛家族などというような核家族の人間関係は、社会学がこぞって讃えた「近代的」家族モデルにすぎなかった。ベビーブーマーは、上の世代にとっては金のなる木だったし、下の世代にとってはお荷物なのである。だから、ベビーブーマーには、「内部処理」しかなかった。結婚は内部処理できたけど、老化はどうするのか。下の世代からの「相互扶助」はない。

ベビーブーマーの年金は、親の世代の老後生活にまわった。親の世代には若い頃からかける年金制度がなかった。高度経済成長の最中に引退した彼らは、彼らの年金制度の開始時からすると物価が上昇し、スライドして上がった支給額を当然のように受取った。何しろ膨大な人口の塊が掛け金を払ったから、基金は潤沢にあった。親の世代は、年金で旅行に出かけ、保養所の安い旅館に泊まり、保養所の赤字は潤沢な基金で埋められた。この間、ベビーブーマーは、自分たちも老後は同じような豊かな生活ができる、それまで頑張ろうと働いた。まだまだ中年クライシスに達する前だったし、企業の中堅クラスで給料も安いままに、「モーレツ」サラリーマンとして日本の成長を支えた。赤字運営の保養所の穴埋めをしても、さらに二束三文で売り払って何十億もの損金を計上しても、まだまだ基金は大きく減らなかった。なにしろ次々と掛け金が入ってきていたのである。塊としてのベビーブーマーの貢献は大きかった。

さらに、上の世代を下の世代が支える、という年金制度の「相互扶助」の基本を裏切るシステムも導入された。二〇歳以上はすべてが基礎年金に加入しなければいけないことになり、収入のない学生などの掛け金は親が払うことになった。親の世代は、自分が受けとるはずの年金を、子ども名義にして自分で払っているのである。この子ども世代はロスジェネである。卒業しても定職に就けない多くの若者がいる。親の世代は、子どもの年金の掛け金を払い続けることになる。タコが自分の足を食べるに等しい。だが、まだベビーブーマーに年金が支給されるには至っていない。掛け金を支払うだけである。支払う力はまだあった。

政府は年金の危機だと言って、支給額を下げた。厚生年金、共済年金の支給額は、ベビーブーマーが受給する時期に入ると、急激に減額された。数年上の層の受給額の五分の四、五分の三というあたりに落とされている。同じように掛け金を払ってきて、しかも受給時期を延ばされて支払いは増えて総額でいちばん多くを払っているはずなのに、受給額は減らされるのである。六五歳まで働いて収入のあるベビーブーマーには支給が停止されたし、六五歳以上で「高収入」があるなら減額しようなどという。

だいたい、年金支給とは何という言い方だ。お上から下されるわけではないだろう。永々と掛け金を払ってきた基金から、取り戻しているはずである。掛け金は雇用側と折半です、という論法と同じ胡散臭さである。企業が出した、というカテゴリーの金と、給料から天引きされている、というカテゴリーの金と、カテゴリーが違えば金の質が違うとでも言うのだろうか。我われの労働から生じた金のはずである。それが一旦国庫に入れば、給されると、という金に変ってしまう。平均寿命で死んでしまえばこっちの負けである。下の年齢層はさらに減額されるだろう。この仕掛けに潜む隠し財産は、若い層の掛け金が上げられ、つまりベビーブーマーが大きな塊だから支払い不能に陥って年金制度が破綻する恐れがあるというので、基金を多く積むために若年層からの掛け金を増やす、と言うのである。しかし、彼らからの掛け金が積みあがるまでに、実はベビーブーマーの多くは受給しなくなる。彼ら若年層が積み上げる基金が年金として行く先は、現在の中年層である。逆に言うと、ベビーブーマーがこの世を去るのが早いほど、年金の基金は減るどころか積みあがっていくのである。給付が止まれば、ベビーブーマーが営々と積み上げた基金が減ることはなくなり、すべて政府の財産になる。やっかいな塊がいなくなる。小学校を卒業した時にも、同じことが起こった。

介護、そして終末

介護保険も、ベビーブーマーが多くを負担している。ここでも塊の効用は大きい。しかも、年金と違って、生きている限り介護保険の掛け金は払い続けなければならない。年金は、一定の年齢に達すると全員が受給する。だが、介護は、全員が必要とするわけではない。たしかに、人生の終末には、老化と病気とで身体はうまく動かなくなる。男の健康平均年齢が七〇歳で、女は七三歳だったか。平均寿命を一〇年以上も残して、医療費がかかり、さらには介護の対象にならざるを得ない。この点も、福祉財源の増加だと問題にされる。けれども、永く介護を必要とする人もいれば、ごく短期の人もいる。重度の傷害があって手厚い介護を受けなければならない人もいるが、さほどの助けを必要としないまま、大往生をとげる人もある。つまり、一晩で往生する人には、返戻金のない掛け捨ての保険なのである。高齢化社会では、介護の費用が高くつく、つまり社会全体のリスクとして引き受けなければならない、この膨大な費用を全員が負担しなければならない、ということで、掛け金は上げられていく。だが、年金は六五歳以上の全員に「支給」されるが、介護保険は全員に支出されるのではない。しかも、介護されている老人も掛け金を払っている。

ひじょうに高齢化した過疎地の自治体では、掛け金ではまかなえないほどの高額の介護費用のために、財政が悪化しているという。掛け金の集め方が地方自治体単位だから、労働者が減ってしまった地域では、当然のこととして介護費用は掛け金を上回る。こういう地域は、以前から人口は流出していたのである。ベビーブーマーの世代はすでに都会へ出て行ってしまっている。残っているのはさらに上の世代である。介護の対象になりやすい、いわば「超高齢」の人たちである。過疎地には、掛け金を収めてくれる「団塊」はいない。過疎地の例を引き合いに出して、ベビーブーマーが介護の対象になると、支える世代が少ないからシステムが破綻するかのようにいわれる。世代間の相互扶助の制度ではないのに、ベビーブーマーは「塊」だから、介護はたいへんだ、という話しになる。介護保険の掛け金は、年金のように掛け金が終了することはなく、何歳になっても掛け金は支払い続ける。ベビーブーマーは被介護者になっても掛け金を払い続けるし、一斉に介護の対象になるわけでもない。塊のなかでも「相互扶助」をしている。かつて結婚する時期に、「塊内」結婚をしたようにである。

介護は、設備も必要だし、資格をもつ要員の確保にも、費用はかかる。何しろ近々に始まったビジネスだから、初期投資は大きい。ビジネスとして成立つし、将来性のあるマーケットなのだろう。社会福祉法人だけでなく、金融、ゼネコン、飲食業までが、介護の世界に参入している。初期投資の回収を一〇年と見込むと、ちょうどベビーブーマーから要介護の老人が現れる時期に一致する。塊であるゆえに、ビジネスチャンスとしては手堅い。マーケットは大きい。かつて、この大きなマーケットから、自動車産業、住宅産業、教育産業は十分な利益を上げてきた。

ベビーブーマーが介護の対象になり、終末を迎えるのはまだ先である。せいぜいが、老化による体調不良で医療機関にかかっている、というところだろうか。病院は、長期療養に対する給付金の減額によって、慢性的な病気を持つ寝たきり老人を介護施設へ移す、という厚生省の政策に対応して短期入院に重点を移しているが、先見性のある医療機関は、介護施設をビジネスに取り込んで、一〇年先の「ブーム」を先取りしている。あるいは、ターミナル・ケアも、高齢者の「処理」の準備とも言える。どこかで取入れられるかもしれない安楽死は、この塊が高齢化していくどこかのタイミングで行われることは予想できる。団塊はあまりに大きいから、くじ引きで安楽死にしましょう、ということも将来はおきかねない。

死んだあとの行き先も問題である。墓場がない。過疎化した出身地へ戻れば、親までひきついだ先祖の墓があるだろう。だが、永年住み慣れた都会には、墓場は限られている。かつてのニュータウンからさらに離れたところに、つまり墓場くらいにしか使い道のない場所に、新しく切り開かれた郊外墓地に、新しく作らねばならない。これにも限りがある。場所を確保しても、墓石も高い。たいていは、中国からの輸入である。ここでも、国産の御影石を使ったぜいたくな墓との格差が見える。格差を云々するより、切実な問題として、骨をいれるだけの場所、つまり墓の確保の競争になるだろう。小学校のころから続けてきた競争の仕上げである。

（つづく）

第6章

単身男性の街

石川　翠

生活保護のパラドクス

「ねえちゃん、今から仕事か?　がんばれよー」。釜ケ崎《かまがさき》の街を、あるアパートに調査のために向かっていると、路肩に腰かけているおじさんに声をかけられた。最近街でよく見かける介護事業所のヘルパーだと思われたようだ。

〝日雇い労働者の街〟として知られる大阪府の「釜ケ崎」は、近年、高齢化とともに生活保護受給者の数が急増している。労働者が日払いで寝泊まりしていた「ドヤ」と呼ばれた簡易宿泊所は、今では半数が生活保護の住宅扶助を家賃収入としている「福祉アパート」

に看板を掛け変えている。

野宿生活をする人は減ったが、今でも「三角公園」や「四角公園」、周辺の道路脇で寝泊まりする人の姿を見かける。夕方五時になると、西成労働福祉センター（通称「センター」）の周りを、無料宿泊所のシェルターを利用する百人以上の人が宿泊券を受け取るために列をなしている。それでも、九〇年代に比べると公園のテントの数も減り、路上で暮らす人は少なくなったという。さらにさかのぼって六〇～八〇年代の、肉体労働を終えて帰ってきた労働者たちであふれていた街の様子は、古い写真や映像、街のおじさんたちに聞いた話でしか知らない。ただ、変わらないのは、そのほとんどが男性であり、釜ヶ崎は長らく〝男性の街〟だということである。

私が見る釜ヶ崎は、日雇い労働者の街から野宿者の街を経て、さらに変わりつつある街である。ワンカップを片手に二、三人で集まると、腰かけてなにやら話している。その横を通りぬけていくとき、街を流れる時間はとてもゆったりしているように感じる。激しい労働や生活を生き抜いてきたおじさんたちが、生活保護を手にして、やっと落ち着いた生活を得たのだろうと思う。彼らにとって生活保護は年金の代わりなのだから。

しかし、長年この街で支援を続けてきた方の話を聞いていると、この街で生活保護を受給する人たちの「孤立」が問題になっているという。生活保護を受給できるようになると経済的に安定し、住居も確保される。これで落ち着いた暮らしを実現できたかといえば必ずしもそうではないというのだ。

現在、釜ヶ崎では住民の二・六人に一人が生活保護を受給している。高齢化も急速にすすみ、孤立の問題が今後ますます深刻になると考えられている。

にもかかわらず、このような現状に踏み込んだ研究はほとんどみられず、研究されても量的統計的なものに限られている。また、社会的孤立研究において貧困層に注目する必要があると指摘されることはあっても質的な研究はやはり少なく、さらには生活保護を受けることによって起こる社会的孤立にまで射程に入れた研究はまだみられない。これは、生活保護を受給することによって支援のネットワークに組み込まれたことで、孤立研究の対象とならなかったためと考えられる。

近年、「無縁社会」などといわれるが、釜ヶ崎で暮らす人びとの多くは、ここに至るまでに地縁・血縁といった伝統的な絆や社縁などから自由になっている。これらの縁とは異なる新たな関係が釜ヶ崎で築かれることがある。それは、労働者同士の縁である。この関係は「互いの過去に踏み込まない」という暗黙のルールの上で築かれてきた。社会学の先行研究では「不関与規範」と呼ばれている。この不関与規範が醸成されてきたことによって、釜ヶ崎はどのような「過去」をもつ者でも受け入れるふところの深い街になった。それゆえ、無縁社会といわれる今日の社会状況のなかで、これに抗する実践がおこなわれてきたともいえる。

今、注目されている「孤立」の問題は、そうした特有の規範のうえで成り立ってきた関係性と、社会福祉が想定する人の生き方と齟齬が生じ、制度にアクセスしたことによって、逆説的にも孤立の問題が浮かび上がってきているのかもしれない。釜ヶ崎において、生活保護を受ける者はどのような経験をするのか、そして、なぜ生活保護を受けることで社会的孤立に至るのか。本章はこのような問題関心のもと、釜ヶ崎にある住宅Aの住人への聞き取りをまとめたものである。

支援付き住宅とは、生活保護受給後の生活を日常的に支援したり、住人らが自由に利用できる談話室が設けられている住宅である。私は二〇一二年六月から約三ヶ月間、この談話室で開かれているカフェのボランティアスタッフを週に二回させてもらった。管理人が、通りかかった住人に私を紹介してくれるなど、きめ細かい配慮をしてくれ、住人たちと挨拶を交わし、話をすることができるようになった。その後、一人ずつ時間をとってもらって談話室や部屋で聞き取りをおこない、一一月頃まで通った。

釜ヶ崎とは

まず釜ヶ崎について概観しよう。「釜ヶ崎」と呼ばれる地域は、大阪市西成区の北東部の端に位置する日雇労働者のまちである。わずか〇・六二方キロメートル内に「ドヤ」と呼ばれる簡易宿泊所が密集し、一九七〇年代のピーク時には四万人、現在も二万五千人ほどが暮らしている。浪速区、阿倍野区、天王寺区に隣接しており、JR環状線、大阪市営地下鉄御堂筋線、阪堺電軌線の交わる地区である。ただし、「釜ヶ崎」という地名は地図上には存在しておらず、一九二二年に消滅した西成郡今宮村の一地域名が呼び継がれているのだ。行政機関やマスコミは一九六六年に考案した「あいりん（愛隣）地区」と呼んでいる。南海電鉄とJR環状線の新今宮駅の南側から南海電鉄の萩ノ茶屋《はぎのちゃや》駅と阪堺電軌の今池駅辺りまでの一帯、町名では萩之茶屋・太子を中心に周辺の花園北・天下茶屋《てんがちゃや》北・山王の一部の地域に相当する。

ＪＲの線路の南北で街の雰囲気はがらりと変わる。線路より北は浪速区にあたり、大阪を代表する観光地「新世界」がある。一方で、線路より南には、新世界でみられるような華々しいネオンや人の賑わいはなく、「マンション」や「アパート」、「ホテル」などと書かれた看板のかかる建物がひしめきあって立ち並ぶ。阪堺電軌の線路より一本西の通りは「銀座通り」と呼ばれるメイン通りである。通りの両脇には、近隣に住む人びとのものと思われる自転車がずらりと並んでいる。自販機の前や道路の縁石に座り込んでカップ酒を片手に数人で会話をしている五〇～六〇代の男性をあちらこちらでみかける。銀座通りを南下していくと釜ヶ崎を象徴する通称「三角公園」（萩之茶屋南公園）に行きつく。遊具や砂場はなく、公園内にはベニヤ板やブルーシートで覆われた小さな家が立ち並ぶ。

釜ヶ崎は一九六〇年代以降の高度経済成長を下支えする労働力の貯蔵地として、政策的に単身男性の街がつくられてきた。それゆえ釜ヶ崎は男性の人口比率がきわめて高くなっている。釜ヶ崎の中心となる西成区萩之茶屋の男性人口比率は、九三・七％である。

なぜ、こうした偏った人口比であるのか、単身男性の街がつくられてきた歴史を簡単に振り返ってみよう。

単身男性の街へ

一八九〇年代頃までは水田のひろがる地であった釜ヶ崎だが、明治時代からは近代的な都市計画がすすめられ、木賃宿街となった。世間から「スラム」としてみられるようになったこの時期には女性や子供、家族の姿も多くあった。

第二次世界大戦後の戦後復興を経て、のちに日本の三大寄せ場となった、東京の山谷《さんや》、横浜の寿町《ことぶきちょう》、大阪の釜ヶ崎は、高度経済成長を下支えする労働力を貯蔵する日雇い労働市場として確立されてゆく。農村など地方から「金の卵」として大都市へ集団就職した多くの若者のなかには職を転々としてやがて寄せ場に流れてくる者も多く、また復員軍人や炭鉱離職者などもそこに含まれていた。同じ寄せ場である東京の山谷における調査では、「第一に、新規学卒（特に中卒）労働者として中小零細企業に就職し、数年を経ずしてここから排出されたもの。第二に、農民の賃労働兼業流出者、出稼ぎ農民。この二つを代表とし、前者は若年層、後者は中高年層」（西岡一九七九）であると分析されており、釜ヶ崎も同様の傾向があったと推察される。

一九六一年「第一次釜ヶ崎暴動」を機に、行政による「釜ヶ崎対策」が打ち出され、地域から家族が移転させられていく。そして、一九七〇年に開催された万国博覧会の会場を建設する労働者を集めるために簡易宿泊所が改築増室され、労働者は約三万人に達した。

日雇い労働とは、一日単位で雇用者と被雇用者が契約を結び、その日に給料が支払われる雇用形態であり、仕事内容は主に道路工事や鉄道工事などの土木関係の肉体労働である。毎朝「あいりん総合センター」で手配師と交渉して現場に赴く。一九七六年に「釜ヶ崎日雇労働組合」が結成されるまでは、暴力団が労働者手配に絡んでいる場合が多く、労働環境は劣悪なものであった。暴力行為が蔓延する厳しい労働環境や、差別的な扱いへの労働者たちの不満が暴動として頻発した。

このような劣悪な労働環境であっても人びとが流入してくるのは、ここでは、労働資本となる身体さえあれば、学歴や国籍、住民票の有無、前科の有無、さらには本名さえも関係なく仕事ができ、生活ができるからである。釜ヶ崎には相対的に低学歴の地方出身者が多く、地縁・血縁・社縁との結びつきも弱い傾向がある。

七〇年代に暴動が頻発して差別的なまなざしが強まっていくなかで、労働者と地域住民との亀裂が深まる。この頃には都市計画によって地図上から「釜ヶ崎」という地名は消滅している。行政や高度経済成長期以前からこの地に住む人々は、「あいりん地区」と呼ぶことが多いが、日雇い労働者たちは依然、「釜ヶ崎」という呼称を使用している。こうして、流動的な労働形態と地域に定住する住民との断絶によって、日雇労働者は地域人口の大半を占めているにもかかわらず、地域的なつながりを築くことはなかった。

一九九〇年代に入ると求人数が激減する。日雇い労働には不安定な労働形態であるため経済不況の影響が真っ先に現れる。バブル末期である九〇年に戦後最高の約一八五万人まで上昇した求人数は、その後急激に減少し、三年後には半数以下の八九万人にまで落ち込んでいる。一九九五年の阪神・淡路大震災後に一時的に求人が増加するも、一九九七年以降は再び減少の一途をたどる(1)。

保障のない労働形態のうえ、家族に頼ることができない多くの労働者は、野宿生活を強いられることとなる。一九九八年の大阪市内では野宿者が約八六〇〇人にのぼっている。釜ヶ崎内では、大阪市保護課の調査によると一九九二年には四二二人、釜ヶ崎日雇労働組合などでつくる「釜ヶ崎反失業連絡会」によると一〇〇〇人近くにのぼると推定されている(朝日新聞一九九四年七月一六日付夕刊)。

不況のこの時期には、出稼ぎとして流入してきたがここにとどまらざるを得なくなった層と、倒産やリストラによって職を失い流入してきた層が混在していたといえる。労働者の多くが、高度経済成長期に集団就職してきた「団塊の世代」にあたり、体力が衰えて働けなくなったり、働く意欲があっても仕事にアブレたりして生計を立てることができなくなった。経済構造の変化と高齢化によって慢性的な失業状態となり野宿に陥る者も多く、野宿者の数は現在でも国内最多である。

野宿者のなかには、夜は段ボールやブルーシートで雨風をしのぎ、日中は拾い集めた空き缶を自転車に積んで換金したりして生活費を稼いでいる者が多い。「三角公園」で毎日行われている炊き出しに並んだり、教会で礼拝を受けたのちに支給される食事を受けたりしていた。ＮＰＯ法人「釜ヶ崎支援機構」が行っている「特別清掃事業」(「特掃（とくそう）」と呼ばれる）に登録して月に三回程度の清掃作業をし、給与を生活費の一部に充てている者もいる。

二〇〇〇年頃から野宿者数は減少し、その数に反比例して生活保護受給者数が増加している。大阪市の実態調査では野宿者数は二〇〇五年度の六六〇三人から二〇一一年度は半数以下の二八六〇人となった。高齢化と以前よりは生活保護の申請が受理されやすくなったためである。釜ヶ崎内で野宿からアパート暮らしへ移行する層に加えて、釜ヶ崎外で野宿をしていて支援者などにアパートを紹介された層が流入してきた。

高齢化は進み、釜ヶ崎の中心となる萩之茶屋地区では、二〇一〇年の国勢調査で六五歳以上人口は四二・四%にのぼる。世帯構成も単独世帯が九七%で、高齢化した単身男性の街である。西成区は全国の大都市のなかで「ひとり暮らし高齢者出現率」が六〇・七%と最も高い（二〇〇五年現在）[2]。また、二〇一〇年の萩之茶屋地区の男性従業者率は一四・六%ときわだって低く、何らかの仕事についている人は七人に一人という現状である。

寄せ場である釜ヶ崎で単身男性の高齢化がすすむと、必然的に生活保護受給率が高まる。生活保護受給世帯は、全人口約二万人のうち、二〇〇二年度に約二、五〇〇世帯だったのが、二〇一〇年度には約九、五〇〇世帯へと増えており、二・六人に一人が生活保護受給者である[3]。萩之茶屋地区では約八〇〇〇世帯が受給しており、受給率は四四・四%と、大阪市全体で五・〇%に比べて格段に高い。

以前は、疾病・障害等がある場合を除いて、六五歳以上でなければ生活保護が適用されるのは困難であった。また、簡易宿泊所で生活保護を受給（通称「ドヤ保護」）できるかは、自治体によって異なっており、大阪市では許可されないことも大きな要因である。

この状況に対して、支援団体が「居宅保護」を認可するように交渉を続けてきたことによって生保受給はしやすくなったという。現在でも生活保護の受給申請を行うと収容保護を条件とされるという慣行は続いているが、以前に比べると実現しやすくなっているというのが現状である。

二〇〇〇年に、住居に支援体制を組み込んでいるサポーティブハウスが成立した。大阪市では簡易宿泊所に住んでいる場合、生活保護が適用されないため、宿泊施設から共同住宅へ登記変更して、住所を得るのである。生活保護の住宅扶助を家賃収入とする運営方法を他の簡易宿泊所も後追いし、「福祉アパート」への転用が増加、二〇一〇年では宿泊施設数の半数である約一〇〇軒になっている。ただし、サポーティブハウスなどのように、さまざまな生活支援をおこなう住宅もある一方、弁当代などとして高額のお金をとったりする「貧困ビジネス」ともいえる住宅もあり、入居先によって生活は大きく違うといえる。

サポーティブハウスの具体的なサービス内容としては、バリアフリー仕様など設備の拡充などのハード面に加えて、二四時間常駐するスタッフによる日常的な生活支援や、住人が自由に利用できる談話室が設けられた。

以下では、こうしたサポーティヴハウスの一つである住宅Aでの見聞をもとに、生活保護と受給者の孤立がどんな関係にあるかをみてみよう。人名はすべて仮名である。

生活保護を受けて孤立する

後腐れのない関係

白い薄手の肌着にステテコ姿の東さんが足を少し引きずりながら談話室に入ってくる。小柄でやや猫背。日雇い労働をしてきた人にしては日焼けをしていない。目つきがするどく、あまり話しかけられたくないかな、というのが彼の初対面の印象だった。インタビューには小声でポツポツと話すのだが、特に記憶に残る人の話になると、とめどないほどに話し出すのも印象的だった。

東さんは二〇代の頃から仕事を転々とし、その過程で家族との関係が希薄になっていく。暴力団で過ごしたこともあり、いつまでも定職に就かないと、近所の人にうわさ話をたてられ、地元にも居づらくなっていく。その経験があったため、釜ヶ崎での暮らしは誰にもとがめられずに暮らしていける「天国」のような場所だと感じた。

東さんは四〇代後半の一九九〇年代初め頃に釜ヶ崎にやってきた。金銭がなくなったときだけ日雇いをし、稼いだ金銭で生活していた。「俺はもう、知り合いはつくらんねん。付き合うとなぁ、なんやかんやめんどくさいことも起きるからな」と話す東さんにとって、生活保護を受給する以前の、ドヤ暮らしをしていた頃の付き合いは心地良いものであった。当時の釜ヶ崎での日雇い労働者たちとの様子をこのように再現する。

（釜ヶ崎を歩いていて他の労働者と出会い）気ぃおうて、わー言うて一杯飲んで、さよならー言うてな。何日ぶりとか何ヶ月ぶりとかで、またぱっと会うときもある。「おお、やるか」「ああ、やるか」って言うてな。「ああ今日も金ないしな、自販機行こう」ってな。自販機の前行ってな百円玉三枚か四枚で三、四本買ってやな、道端に座って酒飲んで。それで二、三杯飲んでわーわわーわ言うて。そういうのが最高になあ、好きというか、こっちの人間の気性か知らんけど、後腐れのないな。あくる日会うとか三日後に会うとかも何も約束はないいんやからな。みんなすっきりしてるいうか。あとは「もう帰るわ」ってそれで帰ってく。

名前も知らない相手と酒を酌み交わし、次に会う約束もすることなく別れ、同じ顔を見かけるとふたたび「二、三杯飲んでわーわわーわ」と盛り上がる。出身や、生い立ち、家族のことなどは互いに知らず、尋ねることもしなかった。東さんはこのような「後腐れない」関係を心地よく感じており、「その場限りの付き合い」を思い出しながら意気揚々と語った。実家にいたときはそうではなかった。

ほんまこんなええとこないわ。天国やわ。家におった頃は、やいやいやいやいやいやいや い近所の人もうるさいし、付き合いもあるし。西成来たらそんなんが全然ないやろ。ほんっと、こんなええとこないなあって。話したり一杯飲んだりしたりはするんやで。ほんでも誰もそんなこと言うたりせーへんもんね。そういうこと一切聞かへんやろ。他人(ひと)のことも何とも言えへんからな。

こうした「一切聞かへん(聞かない)」「他人(ひと)のこと何とも言えへん(何も言わない)」という不関与規範があったために、釜ヶ崎での関係は成立していた。現金がないときはシェルターや路上で寝泊まりしたりしながら、その生活は十数年間続いた。

生活保護の受給

六〇歳を過ぎたときに脳梗塞で倒れたことをきっかけに、支援者の提案を受けて生活保護を受給することとなる。それまではドヤやシェルター、路上で寝泊まりをしていたのが、病院を退院後には福祉アパートへ入居することとなった。住宅Aに引っ越してくるまで四、五年間そのアパートで生活していた。

そこでは生活保護を受給したことによる、他者との緊張関係が生まれる。外を出歩いて顔見知りになった人々が、東さんの部屋まで酒を持って来て大騒ぎをした。酒の代金も東さんが出した。

前のアパートのときも、ツレに「あっこに住んでる」ってこと言うとったんや、そしたら「おい、飲もうぜ」って一升瓶手にぶらさげてくるんや。「隣近所に迷惑やからやめておこう」って言うてもおさまらへん。

このようなことが何度か起こり、金を持っていることと、近所にも迷惑となるため、住宅Aに引っ越しすることに決めた。

もう「ここ住む」って言わへんで、前のところからぽんっとここ来たんや。外もうろうろせーへん。

東さんが彼らに今の住所は教えずに、「ぽんっとここに来た」のは、できる限り「後腐れのない」関係性を保つためだったといえる。彼らに会いそうな場所には出歩かないようにした。

釜ヶ崎では、酒やたばこの奢り奢られがよくおこなわれる。お互いのことに深入りせずとも付き合える。労働者同士、似たような懐具合のため、少し多めにもっている方が奢り、次の日になると奢られる方になるということもよくある。

そうした関係を築いてきた人びとの間に、生活保護を受給している者と、していない者の間には、経済的な差が生まれる。受給している者は、常に奢る側に立つことになる。

東さんは生活保護費が手元にある状態でこれまで通りに外を出歩いて、これまでのように「後腐れのない」付き合いをしようとする。すると、金を持っているほうが奢るというルールがあるために、常に奢る立場となる。これまでは金があればある分だけ使うといっても限度があった。しかし、今月分を使い切ってしまうことを危惧し、断りたいと思ったとしても断ることはできない。また、「もう帰るわ」と付き合いを終了することができたが、帰る場所も特定される。

こうして、金を持っている方が持っていない方に奢るということを強く内面化しているため、「断る」ことはできない。こうして「避ける」という選択肢を選ぶこととなった。生活保護を受給したことが、これまでの関係を変化させ、東さんを「後腐れのない」付き合いから遠ざけてしまった。

金銭管理

その後、東さんはケースワーカーの判断で西成区社会福祉協議会の「あんしんさぽーと(日常生活自立支援)」の金銭管理を受けることとなり、東さんの手元に現金はなくなる。こうして「断る」という選択肢を選ぶことができるはずであったが、東さんは「後腐れのない」付き合いからますます遠ざかることとなる。

東さんは、金銭管理の担当者とのやり取りを次のように再現している。

今まで好き放題やってきたんやからな。それがこないしてね「はい、ごはん」「はい、ごはん」って弁当渡される。「酒飲みたい」って言うても、スタッフが「あっ、酒はだめ」「これはだめ」って止めるから、なーんにも俺のしたいことできひんやろ。ただ生きていくだけ。……（外を歩いていて）あそこのうどん、うまかったなあ、食いに行こかなあ、って思っても銭がない。せやからなんにもできひん。「何したいの?」「なんか欲しいもんある?」って言われたって、困るわけよ。「あんたがしたいこと言いなさい」って言われても、できひんのや。

「後腐れのない」付き合いは、ある意味で現金のルーズな使い方によって保たれてきた。スタッフは東さんの希望の品物を買ってこようと「なんか欲しいもんある?」と尋ねる。しかし、何か品物を購入するために現金が必要なのではなく、現物支給では補えないような「後腐れのない」付き合いをするために、手元にある程度現金が必要なのである。「断る」選択肢を選ぶことができる状態になったにもかかわらず、担当者との認識の齟齬によって全額が管理されることとなってしまう。また、自身が保護を受けているため、他者から奢ってもらうことはできず、結局「後腐れのない」付き合いはできなくなってしまう。

受給への負い目

一方で、東さんは担当者に直接文句を言うことはない。それは生活保護を受給することに対して負い目を感じていることがひとつの要因となっていると考えられる。

……一番嫌なことを、今やっとんのやな、俺。だから生活保護受けるのはほんっまに嫌やってん。やろ。自分働かんで、何もせんとな、暮らしていくのが嫌やったんや。自分仕事してないやろ、何もしてないやろ。……自分が仕事して、金が入ってきて、飯を食い、酒も飲めるんやから。それができひんのに、生きててもしゃーないやろっちゅって。……ただ空気吸って生きてるだけや。なんにもできひんやんか。人のためにもならん。生きてたら人のためになるんちゃうくて、人に迷惑かけてるんやでって。

これまで金がないときには食べ物や酒をもらったりしたこともあったが、自分も金があるときは奢っていた。パチプロや暴力団、日雇い生活など、「自由に生きてきた」が、どの場面でも自分で稼いだり、何かをしてもらったときにはお返しができていた。それが、「自分が仕事をして、金が入ってきて、飯を食い、酒を飲める」生活から一変、「働かんで何もせんと」生活することとなる。このことに耐え難いほどの負い目を感じることとなった。生活保護を受給していることが負い目となり、現状に対して担当者に不満をぶつけることはしない。こうして、「その場限りの付き合い」から遠ざける現状に不満をもつものの、受給に対する負い目を感じているため、現状を変えようとすることはしない。

他の住人とのいざこざ

東さんは住宅Aに引っ越してきてから、昼の二時から三時の間に散歩をすることが日課となっていたが、足の調子が悪い日や雨の日には、散歩をする代わりに住宅Aの談話室を利用するようになった。

ちなみに、東さんの一日は次のような流れである。午前中、十一時頃に昼勤のヘルパーが来るまでに起床し、食欲のあるときはヘルパーが買ってきた弁当を食べ、ヘルパーが掃除や洗濯をしている姿を見ながら壁にもたれてベッドの上で話しかけられると答える程度で静かに座っている。ヘルパーは一時間ほどで帰り、その後も同じ体勢でしばらくいる。

夜中に寝つけず、一日中テレビをつけっぱなしでいるため、うつらうつらしていることもある。三、四時間後に夕勤のヘルパーがやって来て、食欲があれば弁当を食べる。散歩をする日は近くの公園に行き、野宿をしている人に弁当を渡すこともある。

管理人に声をかけられたことがきっかけで、六月頃から談話室を利用しだし、呼び止められると「ほなコーヒーもらっていこかな」と中に入っていくようになった。同席になった他の住人と話すことはなく、コーヒーを少しずつすすりながら座っている。

こうしてほぼ毎日談話室に来ていた東さんが、八月の後半頃からは管理人に声をかけられても入って来ずに、すぐに部屋に戻るようになった。その理由は、「ごちゃごちゃと言うてくる奴」がいるからだという。「ごちゃごちゃと言うてくる奴」とは、住宅Aの住人ではなく、自転車で一〇分ほどのアパートで生活している男性である。彼も長年日雇い労働をしており、現在は生活保護を受けて暮らしている。住宅Aの談話室は外にも開かれているため、最近はほぼ毎日自転車で通って来ている。陽気でスタッフや住人によく話しかけているが、用もなく名前を呼んだり、声をかけたりすることもある。

東さんにも「東さん足の爪切れよ」と何度も言っていた。その場では「ああ」とだけ返事をしていた東さんだが、「文句言うたらあかん、俺も言いたいんやけど、あんまり言うたらな、昔の癖が出たらあかんからな」と言う。これまでに喧嘩をして関係が悪くなることもあったようで、トラブルになる前に避けることにした。東さんは彼のことを同じ住人だと思っており、談話室を利用しないということも、アパート内でのトラブルを避けるためだった。これまでのドヤ住まいのように住む場所を変更することが容易でないために自分が身を引き、ここでも「避ける」ことを選択した。

東さんが他の住人の行為にストレスを感じながらも、トラブルになることを予期して談話室を避けたのは、他者と深くかかわらないためである。このように、定住することによって、これまでは保っていた他者との距離を変更するよう迫られる場合がある。それゆえ、転居、引きこもり、生活保護の辞退（廃止）などの方法を通じて不関与規範を保持しようとするのである。

不関与規範を土台とした関係から、一歩踏み込んだ関係になれば、「過去」に触れられるかもしれないということに加えて、定住生活で「これから」の生活が待ち構えていることも意識することとなる。トラブルになると、アパート内でのこれからの生活がしづらくなるだろうと考える。このように関係規範の変容を迫られることにより、社会的孤立が引き起こされることがあるのである。

アルミ缶回収と猫の餌やり

多田さんは口数が少なく、挨拶は返してくれるがとてもおとなしい人、という印象だ。多田さんに、聞き取りをしたその日は、とてもよく話してくれると感じたが、お酒を飲んできたのだという。

多田さんは毎日遠出をしているため、住宅Aに戻って来る頃には疲れて、少しお酒を飲んですぐに寝てしまう。二時間ほど昼寝をして、夕方頃に起きると、散歩に出かける。「特掃」のときに知り合った人とは、今でも外で出会う。特掃は登録をすると、番号が振られて数人グループで区切られ輪番制で仕事が回ってくるため、行くたびに同じ人と顔を合わせるという。顔見知りは四、五人いるが、名前もどこに住んでいるかも知らない。会っても話すのは「五分か一〇分くらいや。向こうかて、かなわんがな」と、負担にならない程度に言葉をかわしてその場を去る。毎回の会話の内容は、体調を尋ねるなどのあたりさわりのないもので、個人的なことを話すことはほとんどない。

生活保護を受給し始めたばかりであり、一五年ほど野宿生活を続け、このアパートでの生活は一年足らずである。一〇年ほど前に特掃で知り合った人が先に受給することになり、それ以降も特掃とアルミ缶回収で生活を続けていた多田さんだったが、彼の強い勧めで自身も受給するようになった。けれど、「受ける気なかったもん」と受給することには抵抗があった。

多田さんは、毎朝自転車を一時間こぎ、以前野宿をしていた場所まで行く。そこで猫に餌をやっている。雨で濡れたり、カラスやハトに食べられることを防ぐために、まとめて餌を置くことはせず、毎日その日の分だけを持って行く。三つで一七〇円の安売りの缶詰ペットフードだが、乾燥ペットフードで栄養失調になってはいけないからと気を使っている。猫は増え続けて、今では八匹になり、一日の餌代は五〇〇円ほどになる。

猫の餌やりが始まったのは、かつて隣のテントで野宿をしていた人に、実家に戻る期間だけ世話をしてくれと頼まれたことがきっかけだった。しかし、依頼した人はいまだに帰ってくる気配はなく、それ以降、餌やりは三年も続いている。

猫を頼んでいった彼とはあいさつをしたり、たまに缶コーヒーをあげたりもらったりする程度の間柄だった。それでも、「毎日行くで。ほっとけへんやん。わしは頼まれたんやし、その時点では頼まれとったんやさかい」と、猫の世話を頼まれたことは信頼されている証しとして受け取り、約束を守り続けている。

死んでしまう猫もいるが、捨てに来る人がいるため、猫は増え続ける。支援者に猫の処分をすすめられることもある。自分でもそのほうがいいのだと言いはする。


猫処分したら缶（＝アルミ缶回収）行かんでええわけや。そやからな、ＮＰＯもな、猫処分せえ言うわけや。役所もっていけ、って。そうや、処分せなあかん。……いや、処分したほうがええ。


処分したほうがよいと口にしながらも、翌日もまた餌をやりに行くのだ。

このことを知ったとき、幼いときに家で猫を飼っていたとも聞いたため、多田さんはとても猫が好きな人なのだろうと思った。しかし、それだけではないようだ。

多田さんは第二、第四の週は月曜日から土曜日、月に一二日間はアルミ缶の回収を続けている。毎朝四時に住宅Ａを出て行き、一日中決まったルートを自転車でアルミ缶を集めて回っている。回収分を清算して得た収入は毎月、役所のケースワーカーに自己申告する。申告すると支給される保護費からその分が差し引かれることになるため、アルミ缶回収の収入があっても収入の総額はさほど変わらない。そのため、生活費の確保という意味ではする必要のない労働といえる。

こうして、アルミ缶回収を継続し、その稼ぎを猫の餌代に費やしていることは、多田さんにとってとても重要なことのようだ。生活保護の受給以前の暮らしぶりを継続しようとしたり、昔の約束事を守り続けたりする。それは生活保護を受給することに負い目を感じているということと大きく関係していように思える。

運送業、日雇い労働、アルミ缶回収と、これまで働いて生活してきたという多田さんにとって、生活保護を受給しているという今の生活が、心苦しく感じてしまっているようだ。その思いのなかで、アルミ缶回収をおこない、これまで通りに働いて生活することで、社会参加の意識をもって尊厳を保とうとしているのではないだろうか。そして、その収入で約束事を守ることで、自分というものを維持しようとしているのではないだろうか。

逆に言えば、それほど、生活保護を受給するということは、〝分相応〟な生活をしなければならないという思いと、これまでの自分の暮らし方との間で葛藤を感じさせるといえる。それは結果的に、受給生活において新たな人間関係を築くことを難しくさせ、さらには孤立の可能性を高めることになっているようにみえる。

将棋盤上の付き合い

もちろん生活保護を受給すると誰もが関係を断たれるわけではない。鈴木さんは五〇年間続けてきた日雇い労働の頃に知り合った知人と今でも関係が続いている。彼とは一五年前に釜ヶ崎にとどまったときに日雇い労働の現場で知り合い、将棋をするようになった。現在も毎週月曜日と金曜日の午前中に鈴木さんの部屋にやって来て、朝九時から一二時まで将棋をするのが習慣になっている。知人は近くのマンションに住んでおり、彼の部屋から鈴木さんの部屋が見えるため、明かりがついていることを確認してやってくる。日雇い時代から使っている将棋盤をベッドの上に置き、勝負は始まる。将棋をしているときは、「おねんね（成ること）しよ」「角ちょーだい」「あ、また王手だよ」と、将棋盤の上で起こっていることだけが会話になっている。そうして休憩もせずに勝負は続く。そして、四、五回戦終わると「さあ昼ごはん食べよ」と彼はさっと帰っていった。一〇年以上の付き合いであるが、昼ごはんを一緒に食べることはない。「知り合いと飯食いに行くの嫌いだから、ほとんど行かん」という。

このように、二人の関係は目の前の将棋についての話のみであり、「将棋盤の上の付き合い」である。他の話はほとんどすることはない。

新潟の柏崎。鉄筋の仕事してた。原発の話は滅多にしないね。そういうこと言ったら、頭おかしいんじゃねえかって思われちゃう。なんもわかんねーから。……将棋は無言だよ。話したらあかんねん。過去の話とかそういうことは、あんまり聞きたくないからね。話したってしょうがないんだ。

鈴木さんは原発で働いたことがあるため、原発事故のニュースを見て思うところがあるが、ニュースの話などをすると、「頭おかしいんじゃねえか」と思われるだろうと話をしたことはない。自分自身について話もすることはなく、「話したってしょうがない」と思っている。

「将棋盤の上だけの付き合い」は徹底している。知人は鈴木さんの体調が悪いことを以前から気付いており、今年の夏の入院日も知っていたが、見舞いに行くことはなかった。部屋の明かりがついているのを見て、退院したことを知り将棋を再開しにきた。

鈴木さんは彼と将棋をすることについて、時間をつぶすためだと言い、「将棋できてもいいことないよ。好きとかじゃない。まあ特にすることないし」と消極的な言い方をする。それでも、何も話さなくても誰かと時間を過ごすことができ、部屋の明かりを確認されることも嫌ではない。

この二人の関係は、生活保護の受給とは関係なく継続している。鈴木さんが五年前に生活保護を受給し始めたのに対して、知人は二年前に受給した。その間の三年間は生活保護受給者と日雇い労働者として立場が異なっていた。それでも、関係が継続していたのは「将棋盤の上の付き合い」であるためだと考えられる。現実の日常生活では経済的な格差が生じることとなるが、将棋盤の上では対等な関係であったため、安心して関係を継続することができた。生活保護受給後に関係を断つ行為を選択し、孤立する可能性もあるなかで、孤立の方向に向かわないための実践ともいえる。

釜ヶ崎の街のなかでは「あいりん総合センター」の一階で将棋盤を囲む人の輪など、将棋をしている姿が多くみられるが、鈴木さんらと同様の関係性が存在していると考えられる。また、釜ヶ崎にはNPO法人「ココルーム」というアートを媒介として支援活動をおこなっている団体があり、習字や詩の作成、自分のことをスピーチするなどの表現の場をつくっている。このような文化的な活動が、この街では他者との関係を保ったり築いたりするうえで重要な役割を担っているともいえる。

心地よい距離

東さんの話に戻るが、彼は「ごちゃごちゃと言うてくる奴」とのいざこざを避けるために談話室の利用をやめることにした。東さんは以前住んでいたアパートで他人に訪ねられることを重荷に感じ、引っ越した経緯からもわかるように、定住によって、ときとして耐えがたい緊張関係を感じとる。

しかし、談話室の利用を避けていた東さんであるが、一ヶ月ほどのちに、スタッフが繰り返し声をかけていると、入って来ることはなくとも、談話室の外の廊下に置いてある椅子に腰かけていくことを日課とするようになった。椅子が置かれているのは通路の玄関横であり、エレベーターまでの住人の通り道となっている。東さんは散歩ができない日は人が出入りするのを眺めながら一～二時間この椅子に座っている。

住宅Aの一階に開設されている三五平方メートルの談話室は、この支援付き住宅を特徴づける公共スペースである。この談話室は二〇一一年七月に開設して約一年になる。ここには曜日ごとに管理人もしくは他の支援団体からのスタッフがマスターとして入り、一杯一〇〇円でコーヒーを提供しながら住人の話に耳を傾けている。

こうした支援付き住宅の効用を確認できる事例はもう一つある。東さんの隣人が隣の部屋のテレビの騒音で迷惑をしていると管理人に苦情を申し立てたことがあった。管理人がヘルパーに確認してみると、東さんは夜間には必ずイヤホンをつけてテレビを見ていることを知っていたので「東さんはとても気をつかう人なので、そういうことはしないと思う」と管理人に弁解した。こうして、東さんのことをよく知っているヘルパーと管理人の仲介によって、住人とのトラブルを避けることができた。管理人のいないアパートであれば、住人同士のトラブルの元になりかねない状況であったが、管理人の存在とヘルパーとの連携によって、緊張関係に発展することがなかった。

このように、支援付き住宅においては、管理人が住人間の緊張関係を緩和したり、防止したりする存在となっていることがわかる。支援内容としては生活相談などを受け付けるのだが、目に見える以上の支援となっていることは重要である。

男らしさを突き崩すのではなく

労働力の〝貯蔵池〟として全国から男たちが集められ、「男性の街」がつくられてきた釜ヶ崎は、時とともに「超高齢社会化」してゆき、いまや福祉の街へと姿を変えた。

今回登場した七人だけでなく、そのあたりを歩いている人をつかまえて人生を語ってもらうと、それぞれに波瀾万丈でドラマティックな人生を送っているのを知ることになるだろう。水をむけると、本当なのかよくわからないときもあるが、働きまくっただの遊びまくり飲みまくっただのと、饒舌になる。

しかし、今の暮らしとなると口が重くなる。福祉（生活保護）に頼っていることや、他人（支援者ら）に管理されていることなどの現実がある。これまで一人で生きてきたという自負が突き崩されてしまう。彼らのライフヒストリーを聞いていると、さまざまな場面で社会の変化を受けてきたことがわかる。今もそうだ。ひとり〝男らしさ〟を生きてきたし、生かされてきたにもかかわらず、最後の最後は〝男らしく〟死ぬことはできそうもない。

彼らに今の暮らしを尋ねることは、考えまいとしている部分をほじくるようで申し訳ない気持ちになる。それでも話してもらえたのは、アパートを管理するＮＰＯ法人が信頼感、安心感を築いてきたからではないかと思う。他の住人とほとんどかかわりを持たない人や退去していく人もいるが、地域でアート活動を主として行っている〝男性らしくない〟（女性スタッフも多い）ＮＰＯ法人が、男らしさを突き崩すのではなく、和らげる雰囲気をつくっていく過程は、これからの男性らしさを考えるヒントになるのではないかと感じている。

【注】

（1）上畑（二〇一二）
（2）河合（二〇〇九）
（3）水内・平川（二〇一一）

エッセー　僻目のベビーブーマー論6

「団塊」効果

橋本　満

数の効果

ベビーブーマーは、塊である。統計的に大きな数字である。この大きな塊の少しの動きが、大きな動きに直結する。

一九四五年に日本は敗戦した。四七年から五〇年に、戦争から戻ってきた若者が一時に結婚し、子どもが生まれた。この三年間に出産が集中し、人口ピラミッドに大きくていびつな塊が生じた。

朝鮮戦争で日本経済は息を吹き返し、少しは世間も落ち着いてきたが、戦後ベビーブーマーが育った日本は、まだまだ貧しかった。

物心がつくようになってから、次々と新しいもの、珍しいものが、やってきた。トランジスター・ラジオ、炊飯器、洗濯機、テレビ、さらに冷蔵庫、というように、新しい電化製品が出現した。衣服も既製品が増えて、女性のファッションもパリコレが輸入されて、毎年のように新しいものが作り出された。子ども向けの雑誌は次々に創刊され、新しい漫画が連載された。赤銅鈴之介、月光仮面、そして鉄腕アトムである。赤銅鈴之介がラジオドラマになり、映画化されて、ヒロインのさゆりちゃんを演じた吉永小百合はアイドルになった。いや、アイドルという言葉はまだなかった。吉永小百合は、ベビーブーマーよりも少し上の齢の「アイドル」、いや女優であった。同世代の「アイドル」は和泉雅子、酒井和歌子、内藤洋子だろうか。アイドルという言葉はまだなく、女優であった。吉永小百合はのちに、サユリストと呼ばれた熱狂的ファンが出てきて、アイドルの元祖になった。

電化製品も女優（「アイドル」）も次々に現れて、毎日、毎年、何か新しいものがやってきた。歌謡曲は演歌になり、アメリカのポップスは似たような国産の新しい演歌に衣替えされた。ジャズのトランペット奏者、ルイ・アームストロングの"What a Wonderful World"は、短調に置き換えられて、日本風のヨナ抜きの音階で、「おふくろさん」になった。六〇年代後半から七〇年代を通じて流行った歌には、グループ・サウンズも含めて、五〇年代、六〇年代のアメリカン・ポップスをアレンジしたものが多い。もちろん、グループ・サウンズは、ビートルズ、ローリング・ストーンズ、ベンチャーズ、モンキーズ、といった一世を風靡したグループを真似て作られた、日本製のアイドル・グループである。グループ・サウンズとは、もちろん日本製の英語である。ザ・タイガーズ、ザ・スパイダース、などなど、たくさん現れた。エレキギターとドラムで構成されたバンドでヴォーカルが歌うのだが、どこか演歌調の日本の香りが漂った。ビートルズ、ベンチャーズにはかなわないとしても、この日本風の香りがかえって新しかったかもしれない。若者はみな、エレキギターを抱えて歌ったものである。

ベビーブーマーが大学に入ると、学園紛争とともに、反戦フォークが流行った。ピーター・ポール・アンド・マリー、ジョン・バエズ、ボブ・ディランという反ベトナム戦争の反戦歌に呼応して、新谷のり子（「フランシーヌの場合は」）、ザ・フォーク・クルセダーズ（「イムジン河」）、そして加藤登紀子などのフォークソングが、時代批判の歌を歌った。だが、紛争が終了すると、社会とは距離をとり、ささやかな幸せを求めるようなフォークに変っていく。かぐや姫（「神田川」）、吉田拓郎などのニュー・フォークである。吉田拓郎の「襟裳岬」は森進一の歌う演歌となってヒットした。日本のボブ・ディランと言われた吉田拓郎は、日本調のフォーク歌手に変わった。これは、吉田拓郎の問題ではなく、日本社会の内向きの動きをを暗示していた。紛争を終えたベビーブーマーは、この「内向き」の変化を歓迎した。マーケットは動いた。

紛争から足を洗い、よき企業人となっていったベビーブーマーには、かつてのラディカルな歌が、歌手にせよ、音楽にせよ、ラディカルさを残しながらも、日本社会の「伝統」に吸収されていくのが、ある種の心地よさとなったのだろう。過去との決別は、ノスタルジアを残しながらも新しい展開への夢を与えた。

世は、年に一度の『紅白歌合戦』に酔い、歌は大流行した。ミリオンセラーと言われる歌は、年々の流行した歌として記憶に残り、毎年出てくる新しいアイドル歌手と、古くからの演歌歌手の取り合わせに興奮した。山口百恵は、アイドルとして売り出された歌手であった。女優という、手の届かない世界に住む女優ではなく、いつもテレビに出てくる、近い存在としてのアイドルの誕生であった。

まだレコードの時代であった。ドーナツ盤と呼ばれた、一曲ずつが裏表に録音されたものが、アイドル歌手のヒット曲であった。ミリオンセラーがほんとうに百万枚の売り上げでなくても、握手会はなくても、「ミリオンセラー」になった。だれもがその歌を歌い、アイドルは、誰もが知っている近くにいる存在であった。

「トリスを飲んでハワイへ行こう」というテレビのコマーシャルで、海外旅行が夢でなくなったのは小学生の頃だった。大学生になると、夏休みに海外旅行をするものも出てきたし、新婚旅行はハワイどころか、アメリカ西海岸、パリ、ローマへと出かけていった。一世代前の新婚旅行が熱海、九州、などという国内観光だったことと比べると、格段に贅沢になっていた。とはいっても、まだまだ団体旅行で、おずおずと外国を体験していたのだが。その海外の新婚旅行から帰国するや否や、「羽田離婚」が起こった。慣れない海外旅行で夫の面目を失い、新婦に離婚されるという悲劇である。男の面目が海外体験で崩れ去る。異文化と接触して、女は男の「無力」を知ることになったのである。

六〇年代、七〇年代、八〇年代と続いた日本の経済成長は、戦後世界の奇跡とも言われた。グローバライゼーションの動きのなかで、アメリカの次にくる世界経済の中心は日本とまで言われた。この動きの中心に、ベビーブーマーがいたのである。豊かになっていく新しい動きを先取りして、レコードを買い、車で高速道路を走り、海外旅行に出かけ、という新しいマーケットは、この塊なしにはありえなかった。

成長のトレンドを支えたベビーブーマーは、バブル経済がはじけたあとの不況のトレンドの中心でもあった。サラリーマンならまっさきにリストラされ、経営者なら倒産に直面した。中年クライシスに重なって、人生の下り坂と戦った。二一世紀までにはまだ一〇年あったし、まきかえしの可能性もあった。「中年クライシス」は、まだ「リスク」ではあった。だが、二〇年も「中年クライシス」が続くと、事態はあきらかに「老年クライシス」へ移行していく。

老いの格差

まず親の介護が始まる。先の見えない消耗である。いつまで続くかわからない時間と金の消費である。健康保険と介護保険があるとはいえ、介護を受けるまでの手続きと長い待ち時間は日常生活を脅かすほどである。介護認定を受けても、一年毎の再認定で、年々厳しくなる審査で、介護度を低く認定されかねない。特別養護老人ホームへの入居は、入居待ちの長い列ができている。とくに、都市部では絶望的である。一方で、介護つき老人ホームがあり、入居時の一時金、入居費用をまかなえる財力があれば、いつでも入居できる。ここでも、一億総中流は幻だったことがあきらかになる。親の介護に、時間もエネルギーも、そしてなけなしの財産もすり減る。さらに、配偶者が死にでもしたら、家族は破綻である。もちろん、介護のために退職している。このマイナス・スパイラルは、人生の運命として、決まっていたのだろうか。一部の「上流老人」と多数の「下流老人」との格差はますます広がっていく。

結局は、大量の老化ベビーブーマーを食べさせるに十分に大きなパイは準備されていなかった。大きなパイは、ベビーブーマーが現役で利益を上げていた時代にはあった。その大きさは、ベビーブーマーよりも上の年齢層の小さな人口には十分であったが、ベビーブーマーがそのパイの残りを食べようとすると、すでに十分な大きさはなかった。パイの作り手も、ベビーブーマーに比べると、少なくなった。パイそのものが縮小していた。

小学校を思い出してみよう。木造の校舎にプレハブのにわか作りの校舎、ここに押し込められていた。上の学年も、下の学年も、一クラスあたりの生徒の人数はずいぶん少なかった。ベビーブーマーが卒業すると、古い校舎は取り壊され、もちろんプレハブ校舎は撤去され、ベビーブーマーがいないのだからと、シャレた校舎が新築された。音楽室や理科実験室などの特殊教室と称される教室は、種類も増やされ設備は更新された。つまり、この三年だけが異常なのであり、彼らがいなくなれば、正常な学校になり、豊かな日本にふさわしい教育環境が完成される、というわけだった。ベビーブーマーには、上の学年のような空間的余裕もなければ、下の学年の新しい設備もない、つまり、十分なパイは、小学校の頃からなかった。

二〇一二年、一九四八年生れのベビーブーマーへの年金給付が始まった。六五歳支給への移行措置として、四七年生れと四八年生れ（学年では昭和二二年四月から二四年三月まで。不思議に就学年齢が用いられる）には六四歳から支給される。この時点で、ほとんどのベビーブーマーが退職し、退職金と年金と貯めてきた老後資金を使い始める。ということは、ベビーブーマー景気がくるはずである。海外旅行はブームになるし、車は買い替えるだろうし、孫のために消費するだろうと、市場は待っていた。だが、孫のために一〇万もするランドセルを買えるほどの「財布」を持っている老人はどれほどいるのだろう。すでにベビーブーマーの大半は一〇年も前にリストラされている。運良く六五歳まで働いて退職できたベビーブーマーの退職金もすでに減額されている。さらには、ロスジェネの子どもを抱えている。孫のために金を使う、などと言われているが、人口統計を見れば、第二次ベビーブームの子ども世代は、第三次ベビーブームというほどの層を作っていない。日本の人口は減少しているのである。日本の高齢化はすさまじく、若者一人で老人一人を養わなければならなくなる、と年金減額論者は脅しているではないか。にもかかわらず、老いたベビーブーマーが孫に金を使うと言われている。金を使えるのは、塊のごく一部にすぎない。孫のために金を使う前に、破綻するかもしれないのである。

小学校で邪魔者扱いされたベビーブーマーは、老齢化した果てに、社会全体から邪魔者扱いされる。老人の抱えるリスクはそのままに保たれ、とりかえしのつかないクライシスに至る。塊は、活動している間は社会の原動力である。いや、介護の対象になっても、数が多いから介護マーケットとしては金づるである。だが、ほんとうにパイが小さいのなら、ベビーブーマーには食べさせておけない。パイがないのなら、パイを食べないようにするしかない。彼らからパイを取り上げれば、リスクは回避できる。ベビーブーマーの老年破綻のクライシスを、日本社会にとっては単なる「リスク」としてしのげるように、処理しなければならないのである。このことは、老いたベビーブーマーにはわかっている。すでに小学校を卒業したときに。

（了）

あとがき

大村英昭、石蔵文信、伊藤公雄という希有な異才が集まればさぞ面白かろうと、「男もつらいよ——男性更年期障害と自殺問題を考える」という公開シンポジウムを企画したのが、七年前、二〇〇八年一〇月であった。今は亡きある編集者の勧めで、この企画から継続的な活動が始まったのが翌年の春である。一見、志向もスタイルも専門も年齢も異なる派手なお三方と私と阪本俊生氏という地味な二人で、何か面白いことをやろうと定期的に集まって相談をくり返すうちに、集まった中でたびたび出てくるのは、不思議にも「死」と「男」という問題であった。

私どものフォーラムに来ていただいた方はおわかりと思うが、この集まりは、大変明るく冗談がきつい集団で、そもそも教科書的な考えというものがはなからない人たちであるから、こういう話題を扱えば勢い不謹慎なことになるのではないかという危惧がなかったわけではない。ところがである。継続的にいろいろな方をゲストに迎えて、公開でシンポジウムを行い、一般の方を交えて、話し合おうというのが私どもの趣旨であったので、年に数回のゆっくりしたペースで「生き方死に方を考える社会フォーラム」という企画を続けることになった。本書とその姉妹編『とまどう男たち――死に方編』に原稿を寄せていただいた方々はみな、このフォーラムに関与いただいた方々である。本書では、エッセーという形でご参加いただいているが、実はゲストで来ていただいた方々のお話は私どもの予想を遙かに超えるもので、常識にとらわれた見方を私どもの方が考え直すことがたびたびであった。このあたりは、私どものウェブサイト（http://ikikata-forum.com/）でシンポジウムの様子がビデオ公開されているので、ぜひご覧いただきたい。

《追記》フォーラムの中心的メンバーの一人であった大村英昭先生は、二〇一五年九月二一日に他界されました。姉妹編の『死に方編』にご自身の病気の経緯について書かれていますが、末期がんを宣告されてから五年間フォーラムに関わっていただき、最期まで奔放に活動され、われわれを楽しませていただきました。謹んでご冥福をお祈り申し上げます。

二〇一六年七月六日

山中浩司

参考文献

はじめに

伊藤公雄（2011）「男性学・男性性研究の視点からみた戦後日本社会とジェンダー」大澤真理、辻村みよ子編『ジェンダー社会科学の可能性　第3巻　壁を超えて』岩波書店.

伊藤公雄・樹村みのり・國信潤子（二〇一一）『女性学・男性学―ジェンダー論入門』有斐閣.

第2章

Gunzelmann, B. & Connell, D. (2006) The new gender gap: social, psychological, neuro-biological, and educational perspectives, *Educational Horizons*, 84: 94–101.

Blanchflower, D. G. & Oswald, A. J. (2008) Is well-being U-shaped over the life cycle?, *Social Science & Medicine* 66: 1733–1749.

Calvin, C. M. *et al.* (2010) Sex, intelligence and educational achievement in a national cohort of over 175,000 11-year-old schoolchildren in England, *Intelligence*, 38: 424–432.

Broecke, S. & Hamed, J. (2008) Gender gaps in higher education participation, *DIUS Research Report*, 08–14.

Department for Education and Skills (2007) Gender and education: the evidence on pupils in England (www.dfes.gov.uk/research).

Dex, S. & Joshi, H. (2004) *Millennium Cohort Study First Survey: A User's Guide to Initial Findings*, Centre for Longitudinal Studies. (http://www.cls.ioe.ac.uk/)

Education, Audiovisual and Culture Executive Agency (Eurydice) (2010) *Gender differences in educational outcomes: Study on the measures taken and the current situation in Europe*, Eurydice, Brussels.

Educational Testing Institute of Iceland (2005) *OECD Thematic review of tertiary education. National background report for Iceland*, OECD 2005.

Legewie, J. & DiPrete, T. A. (2012) School context and the gender gap in educational achievement, *American Sociological Review*, 77: 463–485.

Hosenfeld, L. *et al.* (1999) Why sex differences in mathematics achievement disappear in German secondary schools: a reanalysis of the German TIMSS-data, *Studies in Educational Evaluation*, 25: 143–161.

OECD (2010) *PISA 2009 Results: Learning Trends: Changes in Student Performance Since 2000*, Volume V. (http://dx.doi.org/10.1787/9789264091580-en)

OECD (2012) *Education at a Glance 2012: OECD Indicators*, OECD Publishing.

OECD (2007) *Education at a Glance 2007: OECD Indicators*, OECD Publishing.

Kutnick, P. (2000) Girls, boys and school achievement. Critical comments on who achieves in schools and under what economic and social conditions achievement takes place — a Caribbean perspective, *International Journal of Educational Development*, 20: 65–84.

Sikora, J. & Pokropek, A. (2011) Gendered career expectations of students: Perspectives from PISA 2006, *OECD Education Working Papers*, 57.

UNESCO (2012) *World Atlas of Gender Equality in Education, 2012.* (http://dx.doi.org/10.1787/eag-2012-en.)

国立教育政策研究所『PISA2009年調査　国際結果の分析・資料集　上巻―分析編』.

第3章

伊達平和（2013）「東アジアにおける情緒的サポート――EASS 2010による比較分析」『日本版General Social Surveys研究論文集』13：67-79.

石田光規（2011）『孤立の社会学――無縁社会の処方箋』勁草書房.

――――（2013）「孤立する人々の特性」稲葉陽二・藤原佳典編『ソーシャル・キャピタルで解く社会的孤立――重層的予防策とソーシャルビジネスへの展望』ミネルヴァ書房 37-55頁.

伊藤公雄（1996）『男性学入門』作品社.

国立人口社会保障・人口問題研究所（2014）「人口統計資料集2014年版」（http://www.ipss.go.jp/syoushika/tohkei/Popular/Popular2014.asp?chap=0）.

厚生労働省（2010）『平成22年版厚生労働白書』（http://www.mhlw.go.jp/wp/hakusyo/kousei/10）.

McPherson, M., Smith-Lovin, L. & Brashears, M. E.（2006）Social isolation in America: Changes in core discussion networks over two decades, *American Sociological Review*, 71（3）: 353-75.

宮本みち子（2002）『若者が「社会的弱者」に転落する』洋泉社新書y.

Moore, G.（1990）Structural Determinants of Men's and Women's Personal Networks, *American Sociological Review*, 55(5): 726-35.

内閣府（2009）「平成19年度国民生活選好度調査」（http://www5.cao.go.jp/seikatsu/senkoudo/senkoudo.html）.

NHKスペシャル取材班（2012）『無縁社会』文春文庫.

総務省統計局（2015）「労働力調査 2014年」（http://www.e-stat.go.jp/SG1/estat/List.do?lid=000001129165）.

菅野剛（2011）「パーソナル・ネットワークの保障機能」斎藤友里子・三隅一人編『現代の階層社会3 流動化のなかの社会意識』東京大学出版会 279-91.

多賀太（2006）『男らしさの社会学――揺らぐ男のライフコース』世界思想社.

太郎丸博（2009）『若年非正規雇用の社会学——階層・ジェンダー・グローバル化』大阪大学出版会.

Umberson D. & Montez, J. K.（2010）Social relationships and health: a flashpoint for health policy, *Journal of Health and Social Behavior*, 51（Special Issue): 54-66.

第5章

Baudelot, C. & Establet, R.（2006）*Suicide :The hidden side of modernity*, Polity Press.（ボードロ＆エスタブレ『豊かさのなかの自殺』山下雅之・都村聞人・石井素子訳藤原書店、2012年）.

ウルリッヒ・ベック、鈴木宗徳、伊藤美登里編（2011）『リスク化する日本社会』岩波書店.

Bauman, Z.（2000）*Liquid Modernity*, Polity Press.（森田典正訳『リキッド・モダニティ』大月書店、2001年）.

Burr, J. A., McCall, P. L. & Powell-Griner, E.(1997) Female labor force participation and suicide, *Social Science & Medicine*, 44(12): 1847-1859.

Chang, S.-S. *et al.*（2009）. Was the economic crisis 1997-1998 responsible for rising suicide rates in East/Southeast Asia? A time-trend analysis for Japan, Hong Kong, South Korea, Taiwan, Singapore and Thailand. *Social Science & Medicine*, 68(7): 1322-1331.

Chen, J., Choi, Y. J. & Sawada, Y.（2007）. How is suicide different in Japan. Research Center for the Relationship between Market Economy and Non-market Institutions, *COE Discussion Papers*, F-209: 1-32.

張賢徳（2006）『人はなぜ自殺するのか——心理学的剖検から見えてくるもの』勉誠出版.

張賢徳、堤敦朗、藤田利治、金吉晴（2006）「日本の自殺の現況——とくに激増後（1998年以降）の変化とSSRIs処方との関係について」『精神科』8(5)：347-351.

土堤内昭雄「中高年男性の社会的孤立について——格差社会の中高年クライシス」『ジェロントロジージャー

ナル』10-011, 22 Oct. 2010.

Durkheim, É.（1897）*Le suicide*, Presses Universitaires de France.（デュルケム『自殺論』宮島喬訳、中公文庫、1985年）

Giddens, A.（1999）*Runaway World: How Globalization is Reshaping Our Lives*, Profile Books.（佐和隆光訳『暴走する世界：グローバリゼーションは何をどう変えるのか』ダイヤモンド社、2001年）.

Gunnel, D., Platt, S. & Hawton, K.（2009）The economic crisis and suicide, *BMJ* 2009, 338, b1891.

Hamermesh, D. S. & Soss, N. M.（1974）An Economic Theory of Suicide, *Journal of Political Economy*, 82(1): 83-98.

金子能宏、篠崎武久、山崎暁子（2004）「自殺の社会経済的要因と自殺予防の経済効果」『季刊社会保障研究』40(1)：75-87.

高坂正顕、臼井二尚編（1966）『日本人の自殺』創文社.

京都大学経済研究所（2006）『自殺の経済社会的要因に関する調査研究報告書』平成17年度内閣府経済社会総合研究所委託調査、京都大学.

今井保次（2006）「増加傾向にある自殺と経済環境」『岡山経済』29(343)：32-35.

Kreitman, N. & Platt, S.（1984）Suicide unemployment and domestic gas consumption in Britain, *Journal of Epidemiology & Community Health*, 38: 1-6.

桑原進（2008）「景気変動と自殺率に関する経済分析――企業行動からのアプローチ」*GRIPS Policy Information Center Discussion Paper*, 08-16.

Lester. D., Motohashi. Y. & Yang. D.（1992）The impact of the economy on suicide and homicide rates in Japan and the United States, *International Journal of Social Psychiatry*, 38(4): 314-317.

Milner, A. *et al.*（2011）Globalization and suicide: An empirical investigation in 35 countries over the period 1980-2006, *Health & Place*, 17(4): 996-1003.

Neumayer, E.（2003）Socioeconomic factors and suicide rates at large-unit aggregate levels: a comment, *Urban Studies*, 40(13): 2769 -2776.

Neumayer, E.（2003）Are Socioeconomic Factors Valid Determinants of Suicide? Controlling for National Cultures of Suicide with Fixed-effects Estimation, *Cross Cultural Research*, 37: 307–329.

Reich, R.B.（2007）*Supercapitalism: The Transformation of Business, Democracy, and Everyday Life*, Vintage Press.（雨宮寛・今井章子訳『暴走する資本主義』東洋経済新報社 2008年）

澤田徹郎（1977）「自殺の国際比較：自殺の社会学的考察」『中京大学教養論叢』17(4)：847–880.

澤田康幸、崔允禎、菅野早紀（2010）「不況・失業と自殺の関係についての一考察」『日本労働研究雑誌』598：58–66.

Stack, S.（1987）The effect of female participation in the labor force on suicide: A time series analysis 1948–1980, *Sociological Forum*, 2: 257–277.

多賀太（2005）「男性のエンパワーメント?――社会経済的変化と男性の「危機」」『国立女性教育会館研究紀要』9：39–50.

谷畑健生（2004）「わが国の自殺死亡をめぐる状況断面と公衆衛生施策としての自殺予防対策の在り方（特集 社会経済の変化と自殺予防）」『季刊社会保障研究』40(1)：45–59.

冨高辰一郎（2011）『うつ病の常識はほんとうか』日本評論社.

山田昌弘（2003）「家族のゆらぎの時代に――ニュース・データで読む家族・子ども」『子どものしあわせ』624：50–53.

湯本誠（2001）「日本型能力主義と「中高年」の苦悩:自殺の急増とその背景を中心に」『札幌学院大学人文学会紀要』70：33–49.

第6章

上畑恵宣（2012）『失業と貧困の原点――「釜ヶ崎」五〇年からみえるもの――』高菅出版．

河合克義（2009）『大都市の一人暮らし高齢者と社会的孤立』法律文化社．

水内俊雄、平川隆啓（2011）『大阪府簡易宿泊所生活衛生同業組合50年誌』第1章．

執筆者一覧（五十音順）

石川　翠（いしかわ・みどり）　神戸新聞記者・大阪大学人間科学研究科博士前期課程卒

石蔵　文信（いしくら・ふみのぶ）　医師・大阪大学大学院医学系研究科保健学科准教授を経て現在大阪樟蔭女子大学教授

伊藤　公雄（いとう・きみお）　大阪大学人間科学研究科教授を経て現在京都大学大学院文学研究科教授

阪本　俊生（さかもと・としお）　南山大学経済学部教授

橋本　満（はしもと・みつる）　元大阪大学人間科学部教授・甲南女子大学名誉教授

平野　孝典（ひらの・たかのり）　大阪大学人間科学研究科博士後期課程単位修得退学・京都女子大学（他）非常勤講師

古川　岳志（ふるかわ・たけし）　大阪大学・関西大学（他）非常勤講師

山中　浩司（やまなか・ひろし）　大阪大学人間科学研究科教授

阪大リーブル54

とまどう男たち——生き方編

発行日　2016年7月6日　初版第1刷　〔検印廃止〕

編　著　伊藤公雄・山中浩司

発行所　大阪大学出版会
代表者　三成賢次
〒565-0871
大阪府吹田市山田丘2-7　大阪大学ウエストフロント
電話：06-6877-1614（直通）　FAX：06-6877-1617
URL　http://www.osaka-up.or.jp

イラスト　松田准一
装　丁　荒西怜子

印刷・製本　株式会社 遊文舎

ISBN 978-4-87259-435-5　C1336

阪大リーブル

HANDAI Live

001 ピアノはいつピアノになったか？ 〈付録ＣＤ「歴史的ピアノの音」〉 伊東信宏 編 定価 本体1700円+税

002 日本文学 二重の顔 〈成る〉ことの詩学へ 荒木浩 著 定価 本体2000円+税

003 超高齢社会は高齢者が支える 年齢差別《エイジズム》を超えて創造的老い《プロダクティブエイジング》へ 藤田綾子 著 定価 本体1600円+税

004 ドイツ文化史への招待 芸術と社会のあいだ 三谷研爾 編 定価 本体2000円+税

005 猫に紅茶を 生活に刻まれたオーストラリアの歴史 藤川隆男 著 定価 本体1700円+税

006 失われた風景を求めて 災害と復興、そして景観 鳴海邦碩・小浦久子 著 定価 本体1800円+税

007 医学がヒーローであった頃 ポリオとの闘いにみるアメリカと日本 小野啓郎 著 定価 本体1700円+税

008 歴史学のフロンティア 地域から問い直す国民国家史観 秋田茂・桃木至朗 編 定価 本体2000円+税

009 懐徳堂 墨の道 印の宇宙 懐徳堂の美と学問 湯浅邦弘 著 定価 本体1700円+税

010 ロシア 祈りの大地 津久井定雄・有宗昌子 編 定価 本体2100円+税

011 懐徳堂 江戸時代の親孝行 湯浅邦弘 編著 定価 本体1800円+税

012 能苑逍遥(上) 世阿弥を歩く 天野文雄 著 定価 本体2100円+税

013 わかる歴史・面白い歴史・役に立つ歴史 歴史学と歴史教育の再生をめざして 桃木至朗 著 定価 本体2000円+税

014 芸術と福祉 アーティストとしての人間 藤田治彦 編 定価 本体2200円+税

015 主婦になったパリのブルジョワ女性たち 一〇〇年前の新聞・雑誌から読み解く 松田祐子 著 定価 本体2100円+税

016 医療技術と器具の社会史 聴診器と顕微鏡をめぐる文化 山中浩司 著 定価 本体2200円+税

017 能苑逍遥(中) 能という演劇を歩く 天野文雄 著 定価 本体2100円+税

018 太陽光が育くむ地球のエネルギー 光合成から光発電へ 濱川圭弘・太和田善久 編著 定価 本体1600円+税

019 能苑逍遥(下) 能の歴史を歩く 天野文雄 著 定価 本体2100円+税

020 懐徳堂 市民大学の誕生 大坂学問所懐徳堂の再興 竹田健二 著 定価 本体2000円+税

021 古代語の謎を解く 蜂矢真郷 著 定価 本体2300円+税

022 地球人として誇れる日本をめざして 日米関係からの洞察と提言 松田武 著 定価 本体1800円+税

023 フランス表象文化史 美のモニュメント 和田章男 著 定価 本体2000円+税

024 懐徳堂 漢学と洋学 伝統と新知識のはざまで 岸田知子 著 定価 本体1700円+税

025 ベルリン・歴史の旅 都市空間に刻まれた変容の歴史 平田達治 著 定価 本体2200円+税

026 下痢、ストレスは腸にくる 石蔵文信 著 定価 本体1300円+税

027 セルフメディケーションのための くすりの話 那須正夫 著 定価 本体1100円+税

028 格差をこえる学校づくり 関西の挑戦 志水宏吉 編 定価 本体2000円+税

029 リン資源枯渇危機とはなにか リンはいのちの元素 大竹久夫 編著 定価 本体1700円+税

030 実況《ライブ》・料理生物学 小倉明彦 著 定価 本体1700円+税

- 031 **夫 源 病** こんなアタシに誰がした　石蔵文信 著　定価 本体1300円+税
- 032 **ああ、誰がシャガールを理解したでしょうか？** CD付　二つの世界間を生き延びたイディッシュ文化の末裔　圀府寺司 編著　定価 本体2000円+税
- 033 懐徳堂 **懐徳堂ゆかりの絵画**　奥平俊六 編著　定価 本体2000円+税
- 034 **試練と成熟** 自己変容の哲学　中岡成文 著　定価 本体1900円+税
- 035 **ひとり親家庭を支援するために** その現実から支援策を学ぶ　神原文子 編著　定価 本体1900円+税
- 036 **知財インテリジェンス** 知識経済社会を生き抜く基本教養　玉井誠一郎 著　定価 本体2000円+税
- 037 **幕末鼓笛隊** 土着化する西洋音楽　奥中康人 著　定価 本体1900円+税
- 038 **ヨーゼフ・ラスカと宝塚交響楽団** （付録ＣＤ「ヨーゼフ・ラスカの音楽」）　根岸一美 著　定価 本体2000円+税
- 039 **上田秋成** 絆としての文芸　飯倉洋一 著　定価 本体2000円+税
- 040 **フランス児童文学のファンタジー**　石澤小枝子・高岡厚子・竹田順子 著　定価 本体2200円+税
- 041 **東アジア新世紀** リゾーム型システムの生成　河森正人 著　定価 本体1900円+税
- 042 **芸術と脳** 絵画と文学、時間と空間の脳科学　近藤寿人 編　定価 本体2200円+税
- 043 **グローバル社会のコミュニティ防災** 多文化共生のさきに　吉富志津代 著　定価 本体1700円+税
- 044 **グローバルヒストリーと帝国**　秋田茂・桃木至朗 編　定価 本体2100円+税
- 045 **屛風をひらくとき** どこからでも読める日本絵画史入門　奥平俊六 著　定価 本体2100円+税
- 046 **アメリカ文化のサプリメント** 多面国家のイメージと現実　森岡裕一 著　定価 本体2100円+税
- 047 **ヘラクレスは繰り返し現われる** 夢と不安のギリシア神話　内田次信 著　定価 本体1800円+税
- 048 **アーカイブ・ボランティア** 国内の被災地で、そして海外の難民資料を　大西 愛 編　定価 本体1700円+税
- 049 **サッカーボールひとつで社会を変える** スポーツを通じた社会開発の現場から　岡田千あき 著　定価 本体2000円+税
- 050 **女たちの満洲** 多民族空間を生きて　生田美智子 編　定価 本体2100円+税
- 051 **隕石でわかる宇宙惑星科学**　松田准一 著　定価 本体1600円+税
- 052 **むかしの家に学ぶ** 登録文化財からの発信　畑田耕一 編著　定価 本体1600円+税
- 053 **奇想天外だから史実** ―天神伝承を読み解く―　髙島幸次 著　定価 本体1800円+税
- 054 **とまどう男たち―生き方編**　伊藤公雄・山中浩司 編著　定価 本体1600円+税
- 055 **とまどう男たち―死に方編**　大村英昭・山中浩司 編著　定価 本体1500円+税
- 056 **グローバルヒストリーと戦争**　秋田茂・桃木至朗 編著　定価 本体2300円+税

（四六判並製カバー装。定価は本体価格＋税。以下続刊）